Logisch! neu

Deutsch für Jugendliche
Arbeitsbuch A1.2

von
Cordula Schurig
Sarah Fleer
Stefanie Dengler
Alicia Padrós

Ernst Klett Sprachen

Stuttgart

Von
Cordula Schurig, Sarah Fleer, Stefanie Dengler und Alicia Padrós in Zusammenarbeit mit Daniela Becht
Trainingskapitel von Cordula Schurig

Redaktion:
Sabine Franke und Angela Kilimann

Koordination:
Sabine Wenkums

Gestaltungskonzept und Layout:
Andrea Pfeifer

Umschlaggestaltung:
Andrea Pfeifer; Cover-Foto: ehrenberg-bilder – Fotolia.com

Zeichnungen:
Anette Kannenberg und Daniela Kohl

Satz und Litho:
Britta Petermeyer, SNOW, München

Verlag und Autoren danken Ulrike Mühling, Boris Dornstädter, Silvana Weber und ihren Schülerinnen und Schülern vom Max-Planck-Gymnasium München Pasing für ihr Engagement und ihre Mitwirkung bei den Fotoaufnahmen.

Logisch! neu – A1 – Materialien		Logisch! neu – A1 in Teilbänden	
Kursbuch A1 mit Audios zum Download	605201	Kursbuch A1.1 mit Audios zum Download	605203
Arbeitsbuch A1 mit Audios zum Download	605202	Arbeitsbuch A1.1 mit Audios zum Download	605204
Lehrerhandbuch A1 mit Video-DVD	605207	Kursbuch A1.2 mit Audios zum Download	605205
Intensivtrainer A1	605208	Arbeitsbuch A1.2 mit Audios zum Download	605206
Testheft A1 mit Audio-CD	605209		
Logisch! neu digital A1 mit interaktiven Tafelbildern	605210		

Audios zum Arbeitsbuch:
Aufnahme und Schnitt: Heinz Graf / Christoph Tampe
Regie: Heinz Graf und Angela Kilimann / Sabine Wenkums
Produktion: Tonstudio Graf, 82178 Puchheim / Plan 1, München
Sprecherinnen und Sprecher: Ulrike Arnold, Vincent Buccarello, Marco Diewald, Sarah Diewald, Clara Gerlach, Emily Gill, Jakob Gutbrod, Jana Kilimann, Maxim Kursakov, Barbara Kretzschmar, Crock Krumbiegel, Detlef Kügow-Klenz, Sebastian Mann, Lars Mannich, Charlotte Mörtl, Sebastian Müller, Maren Rainer, Lorena Rauter, Jakob Riedl, Leon Romano-Brandt, Pia Schröder, Peter Veit, Florian Vogt, Julia Wall, Sabine Wenkums
Audio-Dateien zum Download unter www.klett-sprachen.de/logisch-neu/audiosA1
Audios Arbeitsbuch A1, Kapitel 9 – 16: Code: logNeu1p&C5

Besuchen Sie uns auch im Internet:
www.klett-sprachen.de/logisch-neu

1. Auflage 1 $^{4\,3\,2}$ | 2020 19 18

© Ernst Klett Sprachen GmbH, Rotebühlstraße 77, 70178 Stuttgart, 2017
© der Originalausgabe: Klett-Langenscheidt GmbH, München, 2016
Das Werk und seine Teile sind urheberrechtlich geschützt. Jede Verwertung in anderen als den gesetzlich zugelassenen Fällen bedarf deshalb der vorherigen schriftlichen Einwilligung des Verlags.
Druck und Bindung: Elanders GmbH, Waiblingen

ISBN 978-3-12-605206-1

Logisch! neu A1.2 – Inhalt

Kapitel 9 4
Kapitel 10 10
Kapitel 11 16
Kapitel 12 22

Training C: Grammatik: Merksätze; Sätze legen 28

Kapitel 13 30
Kapitel 14 36
Kapitel 15 42
Kapitel 16 48

Training D: Sprechen: Nachfragen; Wörter erklären; Pantomime 54

Kapitelwortschatz Kursbuch 9–16 56
Thematische Wortgruppen 64
Unregelmäßige und trennbare Verben 66
Wortschatz „Deutsch im Unterricht" 67

Quellenverzeichnis 69

Kolja   Keiko   Nadja   Plato   Pia   Paul   Robbie   Anton

9 Meine Freunde und ich

1 Mädchen!

a Wer macht das? Hör zu und kreuze an.

                                                Mädchen Jungen

1. Sie essen gern Eis und gehen spazieren. ☐ ☐
2. Sie spielen in der Schulband. ☐ ☐
3. Sie spielen Fußball und Tennis. ☐ ☐
4. Sie reiten und machen Fotos. ☐ ☐
5. Sie fahren Skateboard. ☐ ☐

b Hör noch einmal und ordne zu.

1. _B_ Karin und ihre Freundin   A müssen noch viel üben.
2. ___ Die Vancouver-Groover   B essen Eis im Park.
3. ___ Jonas und sein Freund   C machen Musik.
4. ___ Zottel und Polli   D machen viel Sport.
5. ___ Lukas und seine Schwester   E sind keine Schüler.

2 Das Tagebuch von Pia

a *Und* oder *aber*? Was passt?

1. Ich rufe meine Freundin immer an _und_ sie besucht mich oft.
2. Er heißt Carlos _____ kommt aus Spanien.
3. Du findest das Lied total schön, _____ ich finde das Lied langweilig.
4. Anna lernt Deutsch _____ sucht eine E-Mail-Freundin.
5. Wir gehen gern zur Schule, _____ Hausaufgaben sind doof.

b Ergänze die Sätze. Achte auf die Satzstellung.

1. aber / gut / ich / Fußball spielen

    Ich kann nicht singen, *aber ich spiele gut Fußball.*

2. aber / kaputt / die CD / sein

    Wir wollen Musik hören, _____

3. aber / haben / ich / keine Lust

    Ich muss jetzt Klavier üben, _____

4. aber / zu Hause / sein / sie / nicht

    Er ruft seine Freundin an, _____

5. aber / keine Zeit / sie / haben

    Ihr wollt am Wochenende Freunde besuchen, _____

3 Deine Freunde und du

a Sortiere die Wörter von 0% bis 100%.

> manchmal • nie • oft • immer

0% ————————————————→ 100%

_____ _____ _____ _____

b Wie oft machst du das? Benutze die Wörter aus 3a.

1. *Ich lese manchmal Comics.* _____ (Comics lesen)
2. _____ (Fahrrad fahren)
3. _____ (Deutsch lernen)
4. _____ (schwimmen gehen)
5. _____ (die Hausaufgaben vergessen)
6. _____ (Freunde treffen)
7. _____ (Hamburger essen)

4 Projekt: Umfrage „Was machst du mit deinen Freunden?"

a Hör die drei Nachrichten auf der Mailbox. Was ist richtig? Kreuze an.

Gespräch 1

1. Wo ist Laura?
   - Laura reitet oder macht Musik. [X]
   - Laura ist bei Julian. ☐
   - Laura ist in der Schule. ☐

2. Wann kann Laura Julian anrufen?
   - In der Schule. ☐
   - Am Nachmittag. ☐
   - Am Abend. ☐

Gespräch 2

3. Wo trifft sich Patrik mit seinen Freunden?
   - Bei Kai zu Hause. ☐
   - Bei Patrik zu Hause. ☐
   - Im Internet. ☐

4. Wann treffen sich die Freunde?
   - Heute Nachmittag. ☐
   - Um 22 Uhr. ☐
   - Um 19 Uhr. ☐

Gespräch 3

5. Was möchte Anna am Wochenende machen?
   - Einen Film sehen. ☐
   - Jonas helfen. ☐
   - Ein Video machen. ☐

6. Wo treffen sich Anna und Jonas morgen?
   - In einer AG. ☐
   - Bei Anna zu Hause. ☐
   - Bei Jonas zu Hause. ☐

b Wie heißen die Geräte in deiner Sprache?

deine Sprache:

1. das Handy _____
2. das Smartphone _____
3. der Computer _____
4. das Notebook _____

deine Sprache:

5. das Tablet _____
6. das Computerspiel _____
7. die Digitalkamera _____
8. der Fernseher _____

fünf 5

5 Das Lied von Robbie

a Wie ist das? Ordne zu.

☺	☹
schön

schön • dumm • romantisch • traurig • interessant • langweilig • cool • nett

b Markiere die Wörter in der Klammer in der richtigen Farbe: der = blau, das = grün, die = rot, Plural = gelb. Welches Nomen passt in den Satz? Ergänze.

1. (Frau – Hund – Baby)   Siehst du den __Hund__?
2. (Katzen – Aquarium – Opa)   Wer sieht die _____?
3. (Motorrad – Auto – Zug)   Die Oma sieht den _____.
4. (Schuh – Schüler – Auto)   Wir sehen das _____.
5. (Fenster – Baum – Oma)   Ihr seht den _____.
6. (Kind – Blume – Bild)   Du siehst die _____.

6 Komisch …

a Was ist richtig? Kreuze an und schreib dann Sätze.

1. trinken
   - die Cola → der Schüler ☐ _____
   - der Schüler → die Cola ☒ Der Schüler trinkt die Cola.

2. suchen
   - der Hund → das Mädchen ☒ Der Hund sucht …
   - das Mädchen → der Hund ☒ Das Mädchen …

3. lieben
   - der Rockstar → die Fans ☐ _____
   - die Fans → der Rockstar ☐ _____

4. essen
   - das Kind → der Hamburger ☐ _____
   - der Hamburger → das Kind ☐ _____

5. besuchen
   - der Opa → der Freund ☐ _____
   - der Freund → der Opa ☐ _____

6. machen
   - die Hausaufgaben → die Schüler ☐ _____
   - die Schüler → die Hausaufgaben ☐ _____

6 sechs

b Ergänze die Artikel.

1. ● Suchst du bitte _den_ Hund?   ○ Warum? _____ Hund ist hier.
2. ● _____ Computer ist kaputt.   ○ Ich repariere _____ Computer morgen.
3. ● Wo ist _____ Knochen?   ○ Plato hat _____ Knochen.
4. ● _____ Buch ist super.   ○ Ja? Dann kaufe ich _____ Buch.
5. ● _____ Lehrerin sucht _____ Schüler von Klasse 7a.   ○ Echt? _____ Schüler sind im Klassenzimmer.
6. ● Isst du _____ Hamburger?   ○ Nein, ich esse _____ Pizza.

c Schreib Sätze. Achte auf den Akkusativ und die Satzstellung.

1. die Sätze / korrigieren / die Schüler   _Die Schüler korrigieren die Sätze._
2. der Lehrer / erklären / der Akkusativ
3. das Wort / er / markieren
4. die Schülerin / der Text / schreiben
5. die Dialoge / spielen / die Schüler

7 Siehst du …?

**Was sehen Michael und Lisa?
Ergänze die Artikel im Akkusativ.
Hör dann das Gespräch und korrigiere.**

● Toll! Hier oben kann man _die_ (1) Stadt gut sehen! Du, Michael, siehst du _____ (2) Supermarkt?

○ Ja, klar! Da läuft ein Hund. Siehst du _____ (3) Hund?

● Ach, ist der süß! Jetzt ist er weg. Hey, Michael, siehst du _____ (4) Hof? Da ist ein Kind. Es ist traurig.

○ Wo? Ich sehe _____ (5) Kind nicht. Ach da.

● Und da im Park. Siehst du _____ (6) Leute?

○ _____ (7) Mann und _____ (8) Frau?

● Ja, genau. Sie gehen zusammen spazieren. Ich glaube, sie sind verliebt. Wie romantisch!

○ Lisa? Siehst du _____ (9) Blume?

● Hä? _____ (10) Blume? Es gibt so viele Blumen!

○ Hier ist die Blume.

● Oh, danke! Die ist ja schön!

8 Satzakzent

Wo ist der Akzent? Hör die Sätze, markiere dann und sprich nach.

1. die <u>Ant</u>worten.   ergänzt die <u>Ant</u>worten.   Ihr ergänzt die <u>Ant</u>worten.
2. den Dialog.   üben den Dialog.   Wir üben den Dialog.
3. den Akkusativ.   lernen den Akkusativ.   Die Schüler lernen den Akkusativ.
4. den Satz.   schreibt den Satz.   Die Lehrerin schreibt den Satz.
5. das Lied.   hören das Lied.   Wir hören das Lied.
6. den Text.   lesen den Text.   Die Schüler lesen den Text.

9 Im Fan-Forum

a Hör die zwei Gespräche und kreuze an: richtig oder falsch?

Gespräch 1 — richtig / falsch

1. Mara und Lina sehen im Fernsehen den Musiksender Viva. [X] [ ]
2. Mara und Lina wünschen sich ein Lied von Helene Fischer. [ ] [ ]
3. Mara ist ein bisschen in Harry von One Direction verliebt. [ ] [ ]

Gespräch 2

1. Timo findet Cro super. [ ] [ ]
2. Matthias ist ein Fan von Rihanna, Katy Perry und Sarah Connor. [ ] [ ]
3. Matthias findet die Musik von Timo nicht gut. [ ] [ ]

b Wie ist das? Schreib Sätze. Schreib die Sätze auch in deiner Sprache.

genial • nicht gut • super • doof • nicht so toll • sehr gut • blöd • toll

deine Sprache:

1. Schwimmen _finde ich toll._ _____
2. Wandern _ist_ _____
3. Hausaufgaben machen _____
4. Musik hören _____
5. Videos sehen _____
6. Das Zimmer aufräumen _____

8   acht

Wörter – Wörter – Wörter

10 Musik

Such zwölf Wörter zum Thema Musik. Notiere auch die Artikel.
Wie heißen die Wörter in deiner Sprache?

E	R	C	L	B	X	W	F	A	N	V	A
S	E	D	I	S	C	O	B	M	Ü	Ä	L
G	G	S	E	Q	X	B	M	U	F	A	R
I	H	G	D	B	A	N	D	S	Z	H	M
T	X	V	C	K	L	A	V	I	E	R	S
A	Y	M	N	Ä	R	Ö	B	K	X	A	T
R	K	O	N	Z	E	R	T	E	Q	P	A
R	Q	Y	X	C	V	B	N	R	E	R	R
E	M	U	S	I	K	S	C	H	U	L	E

die Band, _____

_____

deine Sprache: _____

_____

11 Buchstabensalat

Wie heißen die Wörter? Ergänze auch die Artikel.

1. meBul *die Blume*   3. teLeu _____   5. rPka _____
2. oHf   _____   4. sternFe _____   6. umaB _____

12 Wie ist das?

Welches Wort passt? Wähl aus.

1. Paula sieht einen Film an. Sie findet den Film *lustig* (verliebt, <u>lustig</u>).
2. Rafael chattet gern. Er findet chatten _____ (langweilig, toll).
3. Karin ist heute allein. Deshalb ist sie _____ (traurig, blöd).
4. Jens ist verliebt. Er findet Jessica _____ (dumm, schön).
5. Das ist Wuschel. Alle Kinder mögen den Hund. Er ist total _____ (süß, romantisch).
6. Der Lehrer von Klasse 8c ist neu. Wir finden den Lehrer _____ (sympathisch, schnell).

13 Meine Wörter

Welche Wörter sind für dich wichtig? Schreib fünf Wörter auf.

_____

neun 9

10 Meine Familie und ich

1 Mein Geburtstag

a Schreib die Wörter aus dem Kasten an die richtige Stelle.

> ~~die Familie~~ • das Geburtstagskind • die Geschenke • der Kuchen • der Kakao •
> die Schulfreunde • die Party • die Großeltern • das Geburtstagslied

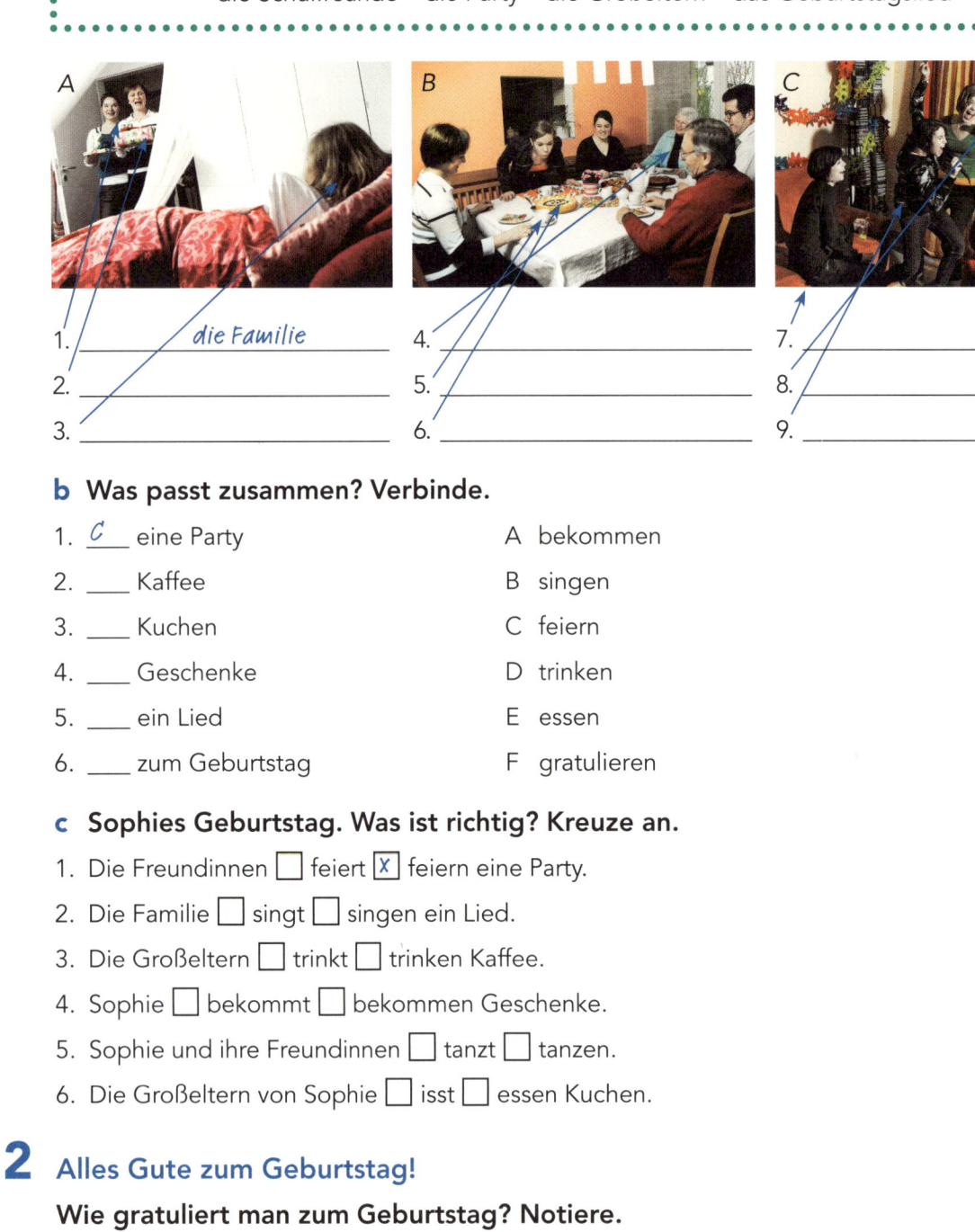

A B C

1. _die Familie_   4. _____   7. _____
2. _____   5. _____   8. _____
3. _____   6. _____   9. _____

b Was passt zusammen? Verbinde.

1. _C_ eine Party   A bekommen
2. ___ Kaffee   B singen
3. ___ Kuchen   C feiern
4. ___ Geschenke   D trinken
5. ___ ein Lied   E essen
6. ___ zum Geburtstag   F gratulieren

c Sophies Geburtstag. Was ist richtig? Kreuze an.

1. Die Freundinnen ☐ feiert ☒ feiern eine Party.
2. Die Familie ☐ singt ☐ singen ein Lied.
3. Die Großeltern ☐ trinkt ☐ trinken Kaffee.
4. Sophie ☐ bekommt ☐ bekommen Geschenke.
5. Sophie und ihre Freundinnen ☐ tanzt ☐ tanzen.
6. Die Großeltern von Sophie ☐ isst ☐ essen Kuchen.

2 Alles Gute zum Geburtstag!

Wie gratuliert man zum Geburtstag? Notiere.

li   Glück   er   chen   wunsch   ~~Herz~~   viel   Zum   Ge   Glück   tag   Fei   burts   schön

1. _Herz_____! 2. _____! 3. _____!

10 zehn

3 Wann hast du Geburtstag?

Wie heißen die Monate? Schreib sie zur richtigen Jahreszeit in die Tabelle.

Jun. • Feb. • Nov. • Mai • Jan. • Okt. • ~~Mär.~~ • Aug. • Dez. • Apr. • Jul. • Sept.

Frühling	Sommer	Herbst	Winter
März			

4 -er am Wortende

Wo hörst du -a? Wo hörst du -er?

1. *a*   3. ____   5. ____   7. ____   9. ____   11. ____

2. *er* 4. ____   6. ____   8. ____   10. ____ 12. ____

5 Geburtstagslieder

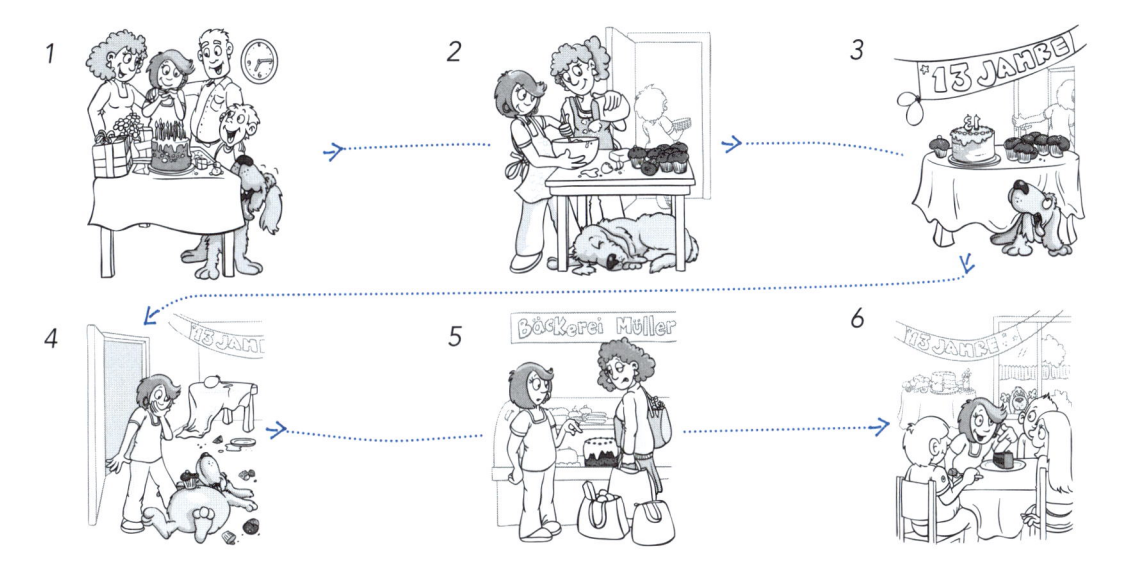

a Sieh die Bildgeschichte genau an. Ordne dann die Texte 1 bis 6.

☐ Alles ist fertig. Die Gäste können kommen! Marie macht die Tür zu. Dann ist Max allein.

☐ Jetzt ist Marie mit ihrer Mutter im Geschäft. Sie kaufen Schokolade und auch eine Torte.

1 Marie hat heute Geburtstag. Sie bekommt Geschenke und einen Geburtstagskuchen. Ihre Familie singt ein Lied für sie.

☐ Max ist glücklich und schläft. Der Kuchen ist nicht mehr da und der Tisch sieht schrecklich aus.

☐ Marie und ihre Mutter sind in der Küche. Sie machen Kuchen für die Party. Ihr Hund Max schläft.

☐ Dann sind die Freunde da. Alles ist gut und die Party geht los. Nur Max ist traurig, er ist nicht dabei.

elf 11

10

b Hör die zwei Geburtstagslieder. Wie heißen die Texte?

Zum ~~Viel~~ Glück und Glück viel Gesundheit Geburtstag viel und

1. _Viel_ _____ _____ _____ Segen, auf all deinen Wegen, _____ _____ Frohsinn sei auch mit dabei.

2. _____ _____ _____ _____ !

6 Überraschung! Ein Geschenk für Kolja

Was wollen die Freunde Kolja schenken? *Einen/ein/eine/ – …?*

1. das Geschenk: Haben die Freunde _ein Geschenk_ für Kolja?
2. die CD: Schenken sie Kolja _____ ?
3. das Computerspiel: Bekommt Kolja _____ ?
4. der Computer: Wollen die Freunde _____ kaufen?
5. die Karten für das Fußballspiel: Oder kaufen sie lieber _____ ?

7 Geschenke

a Was kann man schenken? (Akkusativ nicht vergessen!)

~~eine CD~~ • ein Fußball • ein Buch • ein Film • eine Party

1. Annie mag Musik. Man kann Annie _eine CD_ schenken.
2. Jan geht gern ins Kino. Man kann Jan _____ schenken.
3. Esther und Valerie tanzen gern. Man kann Esther und Valerie _____ schenken.
4. Stefan mag Sport. _____
5. Enya liest viel. _____

b Keine CD, keinen Fußball, kein Computerspiel!

1. Sie mag keine Musik. Bitte _keine CD_ schenken!
2. Er geht nicht gern ins Kino. Bitte _____ schenken!
3. Sie tanzen nicht gern. Bitte _____ schenken!
4. Er mag keinen Sport. Bitte _____ schenken!
5. Sie liest nicht viel. Bitte _____ schenken!

c Was wollen die Personen? Schreib Sätze mit *kein, keine, keinen* und *lieber*.

1. Nadja will _keine Schokolade. Sie will lieber eine Geburtstagstorte._
2. Paul will _____
3. Kolja will _____
4. Pia will _____

12 zwölf

10

8 Meine Familie

a Lies noch einmal das Gedicht im Kursbuch (Aufgabe 8a). Wer ist das?

1. Er hat im Mai Geburtstag: *mein Bruder Kai*
2. Er hat im Herbst Geburtstag: _____
3. Sie isst gern Fisch: _____
4. Sie bekommt ein Pferd: _____
5. Er heißt Bill: _____
6. Sie hat im Sommer Geburtstag: _____

b Lies und korrigiere dann den Text.

Tante Grit, Lehrerin

1. Charlotte erzählt: „Ich habe ~~einen Onkel~~ *eine Tante*. ~~Er~~ _____ heißt Grit. Tante Grit wohnt in Hamburg, in ~~Österreich~~ _____. Sie ist ~~Sportlerin~~ _____ von Beruf. Ihr Hobby ist ~~Klavier spielen~~ _____."

Onkel Fritz, Arzt

2. Kai erzählt: „Ich habe ~~eine Tante~~ _____. ~~Sie~~ _____ heißt Fritz. Onkel Fritz hat im Januar Geburtstag, im ~~Sommer~~ _____. Er ist ~~Physiker~~ _____ von Beruf. Sein Hobby ist ~~Auto~~ _____ fahren."

c Marian erzählt: „Meine Schwester Jolanta ..." Schreib Sätze.

1. haben / Schwester / ich
 Ich habe eine Schwester.
2. Jolanta / heißen / sie
 _____
3. 17 Jahre / sein / alt / sie
 _____
4. sie / zur Schule / gehen
 _____
5. ihr Hobby / Tennis spielen / sein
 _____
6. eine Katze / sie / wollen
 _____

d Wie heißen die Personen in deiner Sprache?

1. die Oma _____
2. der Opa _____
3. die Großeltern _____
4. die Eltern _____
5. die Mutter _____
6. der Vater _____
7. die Schwester _____
8. der Bruder _____
9. die Geschwister _____
10. die Tante _____
11. der Onkel _____

dreizehn 13

9 Tiere in der Familie

a Was passt nicht? Streich das falsche Wort durch.

1. Fisch: schwimmen   fressen   bellen
2. Pferd: singen   schnell laufen   Gras fressen
3. Hund: bellen   fliegen   Ball spielen
4. Katze: Milch trinken schlafen   Rad fahren
5. Papagei: schreiben   fliegen   sprechen
6. Hamster: schlafen   Fische fressen   laufen

b Was passt? Ergänze *der, den, das, die, einen, ein, eine* oder keinen Artikel.

1. Inga hat __ein__ Pferd. Sie mag _____ Pferde sehr! Und sie kann gut reiten. _____ Pferd von Inga ist elf Jahre alt. Es ist schwarz und heißt Lakritz.

2. Tom hat _____ Hund. Nina hat auch _____ Hund. _____ Hund von Tom heißt Oskar, _____ Hund von Nina heißt Carlo. Nina, Tom, Oskar und Carlo haben _____ Hobby: Sie laufen gern und lange.

3. Jana und Annika finden _____ Tiere toll. Deshalb haben sie _____ Katze, _____ Hamster und _____ Fische. _____ Katze von Jana und Annika mag auch _____ Fische ...

4. Julius will _____ Papagei kaufen, aber seine Eltern finden _____ Papageien nicht so toll.

10 Mein Lieblingstier

▶ Hör die Nachricht und ordne die Zahl zu.
2.8
1. __E__ Russland   A 3 Millionen
2. ____ Italien   B 8 Millionen
3. ____ Österreich   C 15 Millionen
4. ____ Schweiz   D 30 Millionen
5. ____ Polen   E 45 Millionen

11 Projekt: Infokarte „Unser Haustier"

▶ Hör zu. Schreib dann zwei Steckbriefe. Der Kasten hilft.
2.9

> ~~Das ist mein Hund.~~ • Meine Familie hat zwei Hamster. • Struppi geht gern mit mir spazieren. • Er heißt Struppi. • Aber ich finde Hamster blöd. • Er liebt Eis! • Ich mag Pferde viel lieber. • Er ist sechs Jahre alt.

1. *Das ist mein Hund.*
   _____
   _____
   _____
   _____

2. _____
   _____
   _____
   _____
   _____

14 vierzehn

Wörter – Wörter – Wörter

12 Wer aus meiner Familie ist das?

a Beantworte die Fragen.

1. Wer ist die Mutter von meiner Mutter? Das ist _meine Großmutter / meine Oma._
2. Wer ist der Bruder von meinem Vater? _____
3. Wer sind der Sohn und die Tochter von meiner Mutter? _____
4. Wer ist die Schwester von meiner Mutter? _____
5. Wer ist der Sohn von meinem Vater? _____
6. Wer sind die Eltern von meinem Vater? _____

b Schreib noch mehr Fragen in dein Heft. Dein Partner / Deine Partnerin antwortet.

13 Fantasie-Tiere

a Welcher Fantasie-Name passt zu welchem Fantasie-Tier?

Pferdekatze • Papageienhamster • Papageienhund • ~~Fischhamster~~ • Katzenfisch • Hundepferd

1. _der Fischhamster_
2. _____
3. _____
4. _____
5. _____
6. _____

b Hast du noch mehr Ideen für Fantasie-Tiere? Mal und schreib in dein Heft.

14 Meine Wörter

Welche Wörter sind für dich wichtig? Schreib fünf Wörter auf.

_____

fünfzehn 15

11 In der Stadt

1 Beim Einkaufen

a Woher kommen die Tüten? Schreib unter die Tüte.

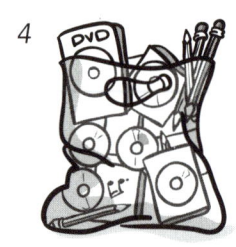

1. *Supermarkt* 2. _____ 3. _____ 4. _____

b Was kauft man wo? Schreib in dein Heft.

Im Supermarkt kauft man Eier, Milch, …
Auf dem Markt …

c Wo kann man noch einkaufen? Schreib noch mehr Sätze wie in 1b.

2 30 Euro Taschengeld

a Was kosten die Sachen? Hör zu und schreib die Preise unter die Fotos.

1. 10,95 2. _____ 3. _____

4. _____ 5. _____ 6. _____

b Schreib Sätze mit den Preisen von 2a in dein Heft.

1. Das Buch kostet 10,95 Euro.

16 sechzehn

3 Wie viel kostet …?

a Wer sagt das? Der Verkäufer (V) oder der Kunde (K)?

1. Kann ich helfen?   V
2. Es kostet 19 Euro und 99 Cent. ☐
3. Ich suche ein Wörterbuch Deutsch-Italienisch. ☐
4. Die Kasse ist dort. ☐
5. Wörterbücher findest du hier. ☐
6. Danke. Wie viel kostet das Buch hier? ☐
7. Ich nehme es. Wo kann ich bezahlen? ☐

b Ordne den Dialog in 3a. Schreib ihn richtig in dein Heft. Hör zur Kontrolle.

2.11

> V: Kann ich helfen?

4 Essen in der Stadt

a Ordne die Wörter in die Tabelle.

> ~~das Mineralwasser~~ • der Tomatensaft • der Tee • ~~der Salat~~ • die Gemüsesuppe •
> die Pizza • die Cola • der Hamburger • der Kakao • die Milch • der Apfelkuchen •
> der Kaffee • das Brot • die Banane • das Brötchen • die Kartoffel • das Fleisch •
> der Fisch • der Käse • die Tomate • die Orange

Das kann man essen.	Das kann man trinken.
der Salat, …	das Mineralwasser, …

b Bestell im Café etwas aus der Tabelle in 4a. Schreib fünf Sätze in dein Heft. Die Kästen helfen dir.

> Ich möchte …
> Für mich bitte …
> …, bitte.

> ein Glas …
> eine Tasse …
> eine Flasche …
> ein Stück …
> einen/ein/eine …

> 1. Ich möchte ein Stück Pizza und ein Glas Cola.
> 2. Für mich bitte einen Hamburger und eine Tasse …
> …

5 Was magst du?

a Was mögen die Personen (nicht)? Schreib in dein Heft. Der Kasten hilft.

> mag • mag keinen/kein/keine • isst gern • isst nicht so gern • liebt

1. Nadja   2. Plato   3. Pia

Nadja mag ...
Sie isst nicht so gern ...

b Und du? Was magst du? Schreib drei Sätze.

6 Pia und Paul kochen.

a Was passt? Kreuze an.

		Liter	Gramm	Flasche	Glas	Tasse	Stück
1.	Milch	x		x	x	x	
2.	Zucker						
3.	Kuchen						
4.	Mineralwasser						
5.	Tee						
6.	Pizza						

b Was haben die Personen schon? Was brauchen sie noch? Schreib auf.

1.
1 l Milch
1 kg Bananen
1 kg Mehl
500 g Fleisch

Sie haben schon einen Liter Milch und ein Kilogramm Bananen.
Sie brauchen noch ...

2.
250 g Mehl
6 Eier
1 kg Zucker
2 Flaschen Wasser

3.
2 kg Kartoffeln
250 g Butter
1 Brot
2 l Milch

18 achtzehn

7 Im Supermarkt

Setz den richtigen Artikel ein, wo nötig. Prüfe dann die Zutaten. Eine Zutat in jedem Satz ist falsch. Streich durch.

1. Für _einen_ Apfelkuchen braucht man Äpfel, ~~Salat~~, Mehl und Zucker.
2. Für _____ Pizza braucht man Mehl, Wasser, Tomaten und Äpfel.
3. Für _____ Bananeneis braucht man Bananen, Milch und Orangen.
4. Für _____ Pommes braucht man Kartoffeln und Käse.
5. Für _____ Hamburger braucht man Brötchen, Fleisch, Salat und Fisch.
6. Für _____ Spaghetti Bolognese braucht man Kartoffeln, Spaghetti und Tomaten.
7. Für _____ Kakao braucht man Milch, Eier und Schokolade.

8 Projekt: Unser Lieblingsgericht

Was brauchst du dafür?

1. *Für das Gesicht braucht man ein Brötchen,*

2. *Für den Igel braucht man*

3. *Für den Fisch*

9 p – b, t – d, g – k

a Was hörst du? Kreuze an.

2.12

1. packen ☐   backen ☒
2. Opa ☐   Ober ☐
3. Karten ☐   Garten ☐

4. danken ☐   tanken ☐
5. Tee ☐   D ☐

b Hör alle Wörter und sprich nach.

2.13

c Hör die Sätze und ergänze den richtigen Buchstaben.

2.14

1. b oder p?   Ich esse ___izza mit ___ia im Schwimm___ad.
2. d oder t?   Pla___o feier___ in ___eutschland Geburts___ag.
3. g oder k?   Wir sa___en „___uten Tag" zu ___urt und ___erd.

d Schreib Wörter mit p – b, t – d und k – g in deiner Sprache. Spricht man p – b, t – d und k – g in deiner Sprache gleich, ähnlich oder ganz anders?

p: _____   t: _____   k: _____
b: _____   d: _____   g: _____

10 Stationen

a Welche zwei Antworten passen? Kreuze an.

1. Können Sie mir helfen?
   - A ☐ Wie viel kostet die DVD?
   - B ☒ Ja, gern.
   - C ☒ Nein, tut mir leid.

2. Was magst du?
   - A ☐ Ich esse gern Eis oder Kuchen.
   - B ☐ Mir schmecken Brötchen und Kakao.
   - C ☐ Ich mag keinen Fisch.

3. Was möchten Sie?
   - A ☐ Drei Brötchen und ein Brot, bitte.
   - B ☐ Hier, bitte schön.
   - C ☐ Ich nehme vier Stück Kuchen.

4. Kann ich Ihnen helfen?
   - A ☐ Ich suche das Buch „Drachenblut".
   - B ☐ Das ist aber teuer.
   - C ☐ Ja. Wo kann ich bezahlen?

5. Zahlen, bitte!
   - A ☐ Das macht 9,55 Euro, bitte.
   - B ☐ Ich komme sofort.
   - C ☐ Auf Wiedersehen.

6. Was isst du nicht gern?
   - A ☐ Ich liebe Wurst.
   - B ☐ Ich esse nicht so gern Wurst.
   - C ☐ Käse! Igitt! Den mag ich nicht.

b Wo spielen die Gespräche aus 10a?

Im Kaufhaus: Gespräch _1_   In der Bäckerei: Gespräch ___   Im Buchladen: Gespräch ___
Im Supermarkt: Gespräch ___ und ___   Im Restaurant: Gespräch ___

20   zwanzig

Wörter – Wörter – Wörter

11 Essen und trinken

a Lies die Wörter. Was kann man nicht essen oder trinken? Markiere.

> Äpfel • Apfelkuchen • Bananen • Brot • Brötchen • Cola • Fisch • Flasche • Fleisch •
> Gemüsesuppe • Glas • Gramm • Hamburger • Kaffee • Kakao • Kartoffeln • Käse •
> Kilogramm • Milch • Mineralwasser • Obstsalat • Liter • Orangen • Orangensaft •
> Pfannkuchen • Pizza • Salat • Schokoladeneis • Stück • Tasse • Tee • Tomaten

b Schreib die markierten Wörter mit unbestimmtem Artikel in dein Heft.
Was passt dazu? Such ein Wort aus 11a.

eine Flasche Orangensaft
…

12 So ist das.

Finde zu jedem Adjektiv das Gegenteil im Rätsel.

O	P	R	I	T	Z	U	N	B	E	R
I	N	T	E	R	E	S	S	A	N	T
C	H	G	S	C	H	P	A	U	L	I
X	C	R	P	O	U	Ä	U	Ü	E	R
Ä	D	O	O	F	N	T	E	P	I	E
C	M	ß	I	R	A	L	R	L	C	I
A	N	Q	U	A	Ö	R	T	A	H	U
W	E	B	I	L	L	I	G	U	T	N
Ü	U	Y	O	F	E	G	E	K	Z	B
D	E	R	T	W	E	Z	N	M	O	F

nett – *doof*
teuer – _____
süß – _____
alt – _____
schwer – _____
langweilig – _____
früh – _____
klein – _____

13 Einkaufen

Ein Wort passt nicht. Streich durch.

1. Supermarkt – ~~Kasse~~ – Buchladen – Kaufhaus
2. gut schmecken – lieben – nicht mögen – gern essen
3. Stück – Glas – Flasche – Tasse
4. Kuchen – Brot – Fleisch – Milch
5. Zucker – Schokolade – Salz – Kuchen

14 Meine Wörter

Welche Wörter sind für dich wichtig? Schreib fünf Wörter auf.

_____

einundzwanzig 21

12 Unser Schulfest

1 Das Programm

a Lies das Programm und kreuze an: A, B oder C.

Bergedorfer Stadtfest

Samstag, 12. Juli
- 14.30 Kindertanz im Stadthaus
- 15.00 Hip Hop im Stadthaus
- 16.00 Kindertheater Turnhalle Luisenschule
- 17.00 Theater Heusteigler
- 18.00 Coole Junx – Popmusik der Schulband
- 21.00 Dizzy Bye – Jazz und Soul

1. Das ist eine Anzeige für ein Fest …
   - A in einer Schule.
   - B in einer Stadt.
   - C von einer Schulband.

2. Wann ist das Fest?
   - A Im Sommer.
   - B Im Winter.
   - C Im Sommer und im Winter.

3. Was kann man machen?
   - A Musik, Tanz und Theater sehen.
   - B Einkaufen, Theater spielen und Musik machen.
   - C Lernen, singen und tanzen.

b Hör die Gespräche und notiere. Was interessiert die Leute?

Gespräch A	Gespräch B	Gespräch C

2 Wer macht was?

So ein Quatsch! Korrigiere die Sätze. Die Verben im Kasten helfen.

organisieren • machen • ~~dekorieren~~ • brauchen • spielen • hören

1. Der Schüler ~~zaubert~~ die Turnhalle. — *Der Schüler dekoriert die Turnhalle.*
2. Wir ~~trinken~~ die Pizza. — _____
3. Die Band ~~organisiert~~ in der Turnhalle. — _____
4. Der Lehrer ~~spielt~~ die Getränke. — _____
5. Die Schülerin ~~malt~~ Musik. — _____
6. Die Schüler ~~hören~~ noch Papier. — _____

22 zweiundzwanzig

3 Stress in der Turnhalle

a Ordne die Sätze zu.

> Tut mir leid! • ~~Das gefällt mir!~~ • Hilf mir! • Tut uns leid! • Hilf ihm! • Die gefallen uns nicht.

1. ● Und? Wie findest du das?
   ○ Super! *Das gefällt mir!*

2. ● Oh nein! Jetzt muss ich alles noch mal machen!
   ○ _____

3. ● Wau, wau!
   ○ Kolja! _____
   ▶ Das will ich ja, aber ...

4. ● Ihr seid spät!
   ○ _____

5. ● Hey, schaut mal! Die T-Shirts sind super, oder?
   ○ Nein. _____

6. ● Pia! _____
   ○ Ja, ich komme schon!

b Setz die richtige Form von *helfen* und *gefallen* ein.

> gefällt • hilft • helft • gefällt • ~~gefallen~~ • helfe • gefallen

1. ● Deine Schuhe *gefallen* uns.   ○ Echt? Die sind schon alt.
2. ● Wie _____ dir die Musik?   ○ Toll! Mir _____ romantische Musik.
3. ● Die Aufgabe ist schwer.   ○ Frag doch die Lehrerin. Sie _____ dir sicher.
4. ● Mir _____ die Lieder von Revolverheld.   ○ Mir nicht!
5. ● Kannst du mir bitte helfen?   ○ Ja, ich _____ dir gleich!
6. ● Leni, Astrid, _____ ihr mir bitte?   ○ Geht nicht. Wir müssen aufräumen.

c Ergänze die Sätze.

1. Ich kann das nicht allein. Warum hilfst du *mir* nicht?
2. Kommt ihr mit ins Konzert? Die Band gefällt _____ sicher auch.
3. Kommt ihr mit ins Kino? – Wir haben keine Zeit. Tut _____ leid.
4. Jonas hört gern Pop, aber Rockmusik gefällt _____ nicht so gut.
5. Lisa sucht ihr Handy. Helfen wir _____? – Ja, klar!
6. Gefallen _____ die CDs? – Ja, danke! Die finde ich super!

> ihr • ~~mir~~ • uns • ihm • dir • euch

dreiundzwanzig 23

12

4 Was ziehst du an?

a Mach das Kreuzworträtsel. Wie heißt das Lösungswort?

1. ____
2. *das* ____
3. ____
4. ____
5. ____
6. ____
7. ____
8. ____
9. ____

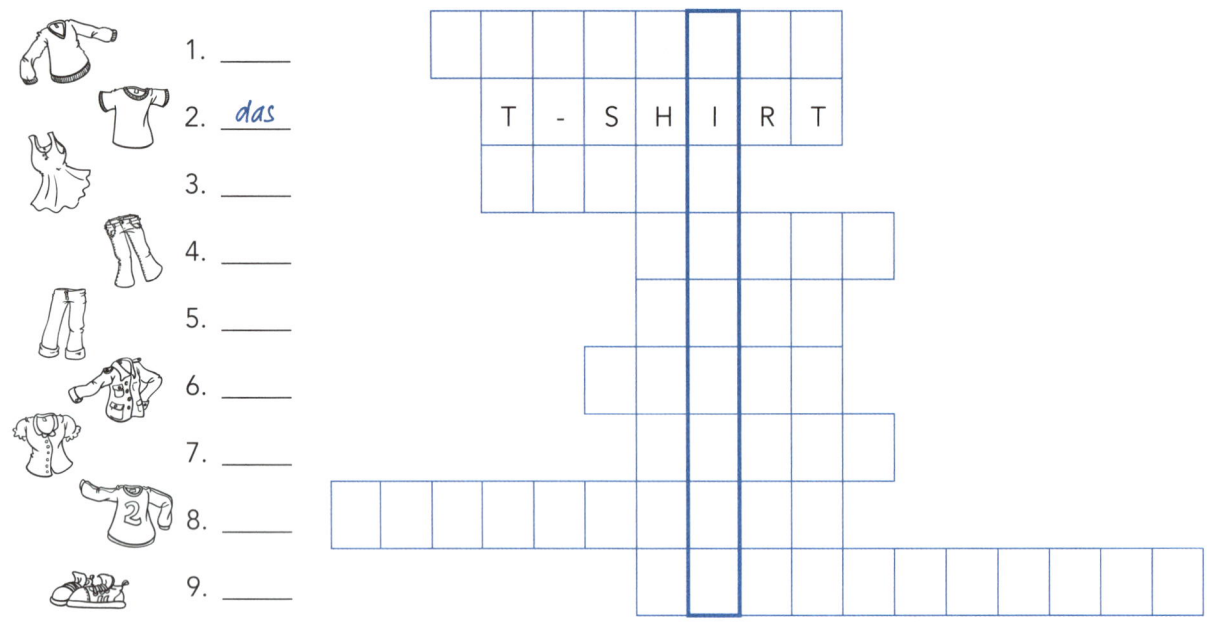

T - S H I R T

Lösungswort: _____

b Wer ist das? Hör die Beschreibungen und ordne die Namen den Bildern zu.

2.16

A _____ B _____ C _____ D _____

5 Blau, rot, gelb …

a Welche Farben passen hier?

1. _____
2. _____ 
3. _____ 
4. _____ 

24   vierundzwanzig

b Hör zu und mal die Kleidung in der richtigen Farbe an.

6 Bist du fertig?

a Ordne die Sätze zu.

> Pullover sind langweilig. • Die Bluse ja, aber die Hose passt nicht dazu! •
> Nein, die ist zu groß. • Super! Das T-Shirt steht mir, oder? • ~~Nein, der ist nicht mein Style.~~ •
> Ähm, deine Hose gefällt mir, aber …

Anna: Mia, gefällt dir der Pullover?
Mia: _Nein, der ist nicht mein Style._ (1)
Anna: Warum nicht?
Mia: _____ (2)
    Aber Anna, guck mal. Steht mir die Bluse?
Anna: _____
    _____ (3)

Nils: _____ (4)
Olli: Ja, ja, das steht dir, du Popstar!
Nils: Danke, Olli! _____
    _____ (5)
Olli: Was ist los? Passt mir die Hose nicht?
Nils: _____ (6)

b Ergänze passen, gefallen, stehen.

1. Die Jeans von Julia ist neu, oder? Die _steht_ ihr gut!
2. Deine Schuhe _____ mir. Die will ich auch kaufen.
3. Die Jacke _____ dir nicht. Sie ist zu klein.
4. Schau mal, _____ mir die Brille? Sehe ich hübsch aus?
5. Cool. Das T-Shirt _____ mir. Aber es _____ mir nicht. Es ist zu groß.
6. Oh, du siehst toll aus. Der Pullover _____ dir!

7 Projekt: Fashion-Guide

Finde möglichst viele Fragen. Schreib in dein Heft. Es gibt mehrere Möglichkeiten.

Welcher — Bluse
Welches — Schuhe
Welche — Sweatshirt
Pullover
Hut
Kleid

gefällt/gefallen dir?
steht/stehen ihr/ihm?
ist/sind besser? Blau oder weiß?
passt dazu ?
ist/sind nicht so teuer?
passt/passen ihr/ihm nicht?
ist/sind bequem?

Welcher Pullover steht ihr?

Marlene

Otto

8 eu – au

a Hör und sprich nach. Wie schnell kannst du das?

2.18

Der Zauberer aus Australien zaubert traurig im blauen Raum einen Baum.
Liebe Leute, heute neu! Nur neun Euro heute, liebe Leute!
Euer Auto ist teuer, sagen neun Freundinnen im Kaufhaus sauer.

b Hör und ergänze *au* und *eu*.

2.19

H____te gehen die L____te nicht nach H____se. Sie l____fen ____f die Straße und singen

l____t. Nur der Z____berer ist tr____rig. ____er K____fh____s ist t____er, sagt er s____er.

Dann k____f h____te nichts, sagen die Fr____en.

9 Auf dem Schulfest

Lies Pias Tagebuch und die Sätze. Richtig oder falsch? Kreuze an.

Liebes Tagebuch,

ich bin so glücklich. Warum? Paul mag mich! Und ich mag Paul. Morgen gehen wir im Park spazieren. Plato kommt natürlich auch mit. Er liebt Paul. Vielleicht essen wir wieder Pizza. Paul kann so toll Skateboard fahren. Das will ich auch lernen. Dann können wir jeden Tag nach der Schule zusammen mit dem Skateboard durch die Stadt fahren und Eis essen. Super! Nadja geht lieber mit Robbie allein ins Kino. Das finde ich doof. Aber jetzt gehe ich mit Paul ins Kino! Und in die Disco. Kann er tanzen? Ich glaube nicht. Super, dann bin ich seine Tanzlehrerin! Ich bin ja sooooooo glücklich! Alle lieben mich!

	richtig	falsch
1. Paul liebt Plato.	☐	☒
2. Pia und Paul gehen morgen spazieren.	☐	☐
3. Pia will Skateboard fahren lernen.	☐	☐
4. Pia und Paul wollen in der Schule Eis essen.	☐	☐
5. Nadja und Pia wollen in die Disco gehen.	☐	☐
6. Pia glaubt, Paul kann nicht tanzen.	☐	☐
7. Pia will Robbies Tanzlehrerin sein.	☐	☐

Wörter – Wörter – Wörter

10 Blaue, rote, gelbe Kleidung …

a Wörterschlange: Wie viele Wörter findest du?

JEANS/HUTANZIEHENBLAUJACKEGEFALLENGELBPULLOVERROTSTEHEN
SCHWARZBLUSESCHUHEGRÜNSWEATSHIRTBRAUNTRAGENGRAUKLEID

b Schreib die Tabelle in dein Heft und ergänze die Wörter aus 10a mit Artikel.

Kleidung	Farben	Verben
die Jeans		

c Welche Wörter in 10b sind in deiner Sprache ähnlich oder gleich? Markiere.

11 Steht mir das?

Ergänze die Gespräche mit den Verben im Kasten.

tragen • helfen • anziehen • passen • ~~kaufen~~ • bezahlen • nehmen • stehen

1. ● Kommst du mit in die Stadt? Ich will eine neue Hose __kaufen__.
   ○ Tut mir leid, ich habe keine Zeit.
2. ● Kann ich dir _____?
   ○ Ja. Ich brauche eine Jeans. Ich liebe Blau und Schwarz.
   ● Dann _____ doch mal diese Jeans hier _____.
3. ● Was denkst du? _____ mir die Bluse?
   ○ Ja, klar. Du siehst toll aus!
   ● Gut. Dann _____ ich sie. Wo kann ich denn _____?
4. ● Guck mal. Lena _____ heute ein Kleid!
   ○ Oh ja. Aber das Kleid _____ ihr doch gar nicht. Es ist zu groß.

12 Wie ist das?

Was passt zusammen?

1. _C_ Die Kleidung ist   A süß und sympathisch.
2. ___ Das Essen ist   B laut und genial.
3. ___ Das Konzert ist   C modisch und bequem.
4. ___ Das Mädchen ist   D langweilig und teuer.
5. ___ Das Computerspiel ist   E nicht gesund, aber lecker.

13 Meine Wörter

Welche Wörter sind für dich wichtig? Schreib fünf Wörter auf.

C Training

1 Grammatik: Merksätze

a Lies die Ausschnitte aus den Grammatikseiten und ergänze die Merksätze.

> … Dativ ist nicht schwer. • … macht keinen Stress! •
> Akkusativ braucht *einen* – *keinen* – *den*, …

Personalpronomen: *er, es, sie*

der Hund	Das ist Plato. **Er** ist ein Hund.
die Lehrerin	Das ist Frau Müller. **Sie** ist meine Lehrerin.
das Buch	Das ist ein Buch. **Es** ist 100 Jahre alt.
die Schuhe	Das sind meine Schuhe. **Sie** kommen aus Italien.

Akkusativ

den	Magst du **den** Kuchen?	einen	Hast du **einen** Apfel?	keinen
das	Opa kauft **das** Geschenk.	ein	Magst du **ein** Ei?	kein
die	Pia sucht **die** CD.	eine	Isst du **eine** Tomate?	keine

mit und Dativ

Nominativ	Dativ Ich fahre mit …
der	**dem** Schlitten.
das	**dem** Fahrrad.
die	**der** U-Bahn.
die	**den** Bussen 105 und 107.

Der und *er* – ist nicht schwer,
die und *sie* – klar wie nie!
das und *es* –

_____

_____
_____

das kann ich schnell verstehen.

dem – *dem* – *der*,
_____

b Schreib die Merksätze aus 1a auf Zettel. Schreib auch einen Beispielsatz dazu. Häng sie bei dir zu Hause auf.

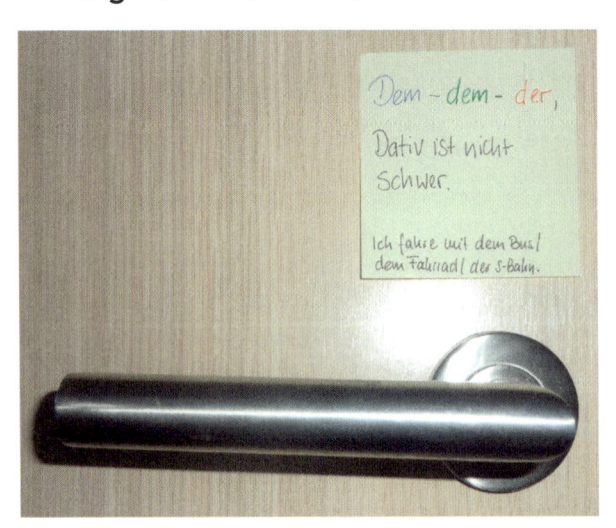

> Häng die Klebezettel zum Beispiel im Bad oder in deinem Zimmer auf. So siehst du sie oft und liest sie immer wieder.

28 achtundzwanzig

2 Grammatik: Sätze legen

a Sieh die Fotos an und mach die Aufgaben.

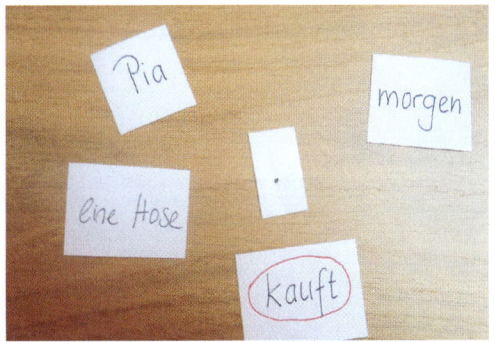

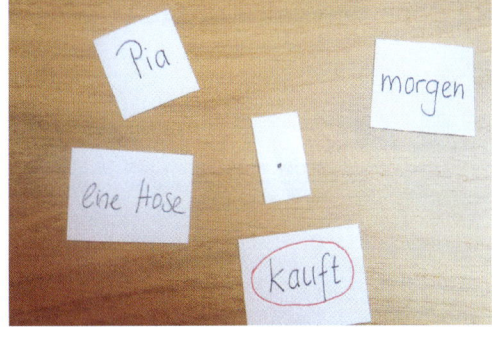

1. Mit diesen Kärtchen kannst du einen **Satz** legen. Schreib ihn auf.
   _____

2. Markiere das Verb. Wo steht es? Kreuz an.
   ☐ auf Position 1
   ☐ auf Position 2
   ☐ am Satzende

3. Mit diesen Kärtchen kannst du noch einen Satz legen. Schreib ihn auf.
   _____

4. Markiere das Verb. Wo steht es? Kreuz an.
   ☐ auf Position 1
   ☐ auf Position 2
   ☐ am Satzende

5. Mit diesen Kärtchen kannst du eine **Ja-Nein-Frage** legen. Schreib sie auf.
   _____

6. Markiere das Verb. Wo steht es? Kreuz an.
   ☐ auf Position 1
   ☐ auf Position 2
   ☐ am Satzende

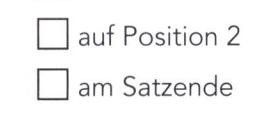

7. Mit diesen Kärtchen kannst du eine **W-Frage** legen. Schreib sie auf.
   _____

6. Markiere das Verb. Wo steht es? Kreuz an.
   ☐ auf Position 1
   ☐ auf Position 2
   ☐ am Satzende

b Bastle die Kärtchen aus 2a (insgesamt neun verschiedene Kärtchen) und lege die Sätze aus 2a – zuerst mit Buch und dann ohne Buch.

Mit Kärtchen kannst du die Sätze aus einem Kapitel noch mal üben. Leg sie in eine Kiste und leg sie jeden Tag neu.

13 Endlich Ferien!

1 Pia fährt nach ...

a Hör die Nachricht auf deiner Mailbox. Ergänze dann den Notizzettel.

Reise nach _____Italien_____ mit Tante Greta

Wann? Wir fahren im Sommer, im _____.
Wie lange? Wir fahren für _____ Tage.
Wohin? Wir fliegen nach _____ und fahren dann mit dem Zug an die _____.
Tante Gretas Telefonnummer: _____

b Wohin fahren die Leute? Kreuze an.

	nach	in die	
1. Familie Schulze fährt in den Ferien	X	☐	Spanien.
2. Im August fahren wir endlich	☐	☐	Türkei.
3. Karina macht eine Fahrrad-Tour	☐	☐	Amsterdam.
4. Herr und Frau Schünemann fliegen	☐	☐	USA.
5. Robert fährt zu seiner Oma	☐	☐	Wien.
6. Mein Traum ist eine Reise	☐	☐	Südamerika.

c Übersetze die Sätze 1 bis 3 aus 1b in deine Sprache und schreib sie in dein Heft. Gibt es eine ähnliche Unterscheidung *(nach / in die)* wie im Deutschen? Gibt es eine Regel?

2 Urlaubsfotos

a Person, Wasser oder Berge? Ordne zu.

meinem Opa • Starnberger See • Berge • Alpen • Schwarze Meer • meiner Cousine • Ostsee • meiner Tante

in die _____   zu _meinem Opa_   an den _____
in die _____   zu _____   ans _____
                         zu _____   an die _____

b Wohin fahren die Leute in den Ferien? Ergänze *in*, *an* oder *zu*. Achte auf die Artikel.

1. Frau Müller fährt in den Ferien immer _in die_ Berge. Dieses Jahr fährt sie _____ Schweiz.
2. Kolja fährt jedes Jahr _____ Bodensee und campt dort.
3. Nadja fährt mit ihren Eltern _____ Meer, _____ Nordsee.
4. Paul fährt _____ seiner Oma. Sie hat einen Bauernhof.

30 dreißig

3 Wohin fährt Plato?

Lies die E-Mail und ergänze *nach*, *zu*, *an*, *in*.

Hallo Leo,

bald sind Ferien!!! Freust du dich auch schon? Dieses Jahr fahre ich mit Mark, das ist mein Bruder, _nach_ (1) Dänemark. Wir fahren mit dem Fahrrad _____ (2) die Ostsee. Wir nehmen unser Zelt mit. Das ist billig. Wir wollen auch mit dem Schiff _____ (3) Lolland, das ist eine Insel in Dänemark.

Und was machst du in den Ferien? Fährst du wieder _____ (4) die Schweiz, _____ (5) den Bodensee? Vielleicht kann ich nächstes Jahr _____ (6) deiner Tante _____ (7) die Berge mitkommen. Dann können wir zusammen wandern. Was meinst du?

Chris

4 Was machst du in den Ferien?

a Hör die Interviews. Was passt zu wem? Ordne zu.

1. Lisa
2. Markus
3. Fadime
4. David

A zu Hause bleiben
B in die Türkei fahren
C arbeiten, schwimmen, Freunde treffen
D Freunde treffen, Partys machen
E baden, wandern
F Cousins treffen, zum Strand gehen
G nach Polen an die Ostsee fahren
H zur Oma fahren

b Wohin fahren die Personen? Was wollen sie in den Ferien machen? Schreib Sätze in dein Heft.

Lisa fährt zur Oma. Sie will baden und ...

5 Projekt: Traumurlaub

Was für ein Urlaub ist das? Ordne die richtige Reise zu.

in die Berge fahren • an den See fahren • ans Meer fahren • auf den Bauernhof fahren • nach Rom/Paris fahren

1. am Strand liegen, im Meer schwimmen, in der Sonne liegen _____
2. Freunde treffen, im See schwimmen, campen _____
3. wandern, viel Natur sehen   *in die Berge fahren*
4. Tiere sehen, im Stall helfen, Fahrrad fahren _____
5. spazieren gehen, die Stadt ansehen, im Café sitzen _____

13

6 Ein Ferientag zu Hause

Was macht man an diesen Orten nicht? Streich durch.

Wir gehen ...   Was machen wir dort?

1. ins Eiscafé   Kaffee trinken – Eis essen – spazieren gehen
2. in den Wald   schwimmen – spazieren gehen – Fahrrad fahren
3. ins Schwimmbad   baden – in der Sonne liegen – campen
4. ins Museum   Pommes essen – Bilder ansehen – Postkarten kaufen
5. ins Kino   einen Film sehen – Popcorn essen – im Stall helfen
6. in den Park   Fußball spielen – Klavier üben – ein Picknick machen

7 Kommst du mit in den Park? Kommst du mit zum See?

a Wie kann man das auch sagen? Ergänze.

1. in + das = _ins_   2. an + das = _____   3. zu + dem = _____   4. zu + _____ = zur

b Welche Wegbeschreibung passt wo? Ordne zu.

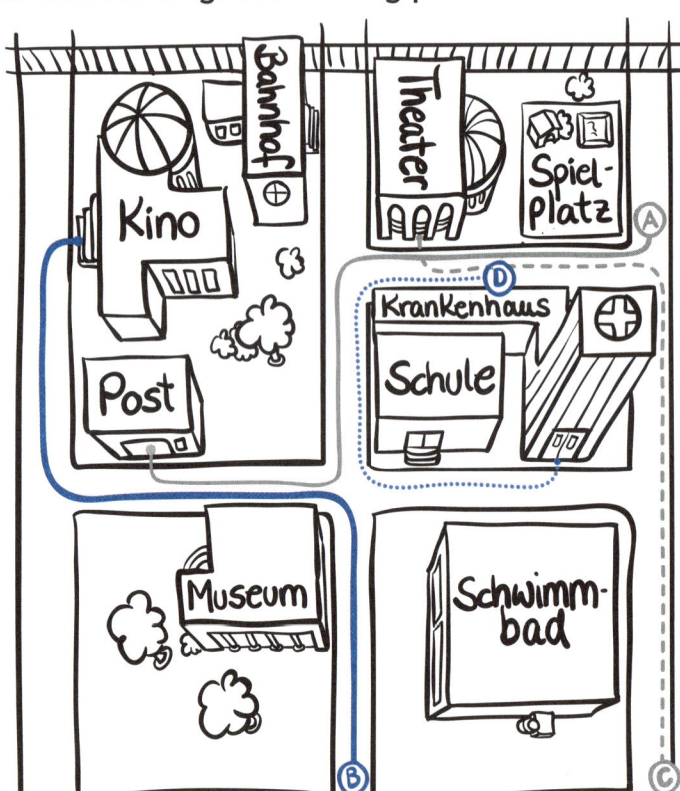

1. Du gehst geradeaus zum Museum. Dann gehst du links und dann geradeaus bis zur Post. Dann gehst du rechts. Das Kino ist rechts.

   _____

2. Du gehst geradeaus und dann links zur Schule. Dann gehst du links und dann geradeaus. Das Krankenhaus ist links.

   _____

3. Du gehst rechts und dann geradeaus zum Theater. Dann gehst du links und dann geradeaus. Du siehst links die Schule. Dort gehst du rechts und dann geradeaus. Die Post ist rechts.

   _____

c Welcher Weg aus 7b hat noch keine Beschreibung? Beschreib diesen Weg. Die Wörter im Kasten helfen.

> immer geradeaus • der Spielplatz • links • weiter geradeaus • das Theater • rechts

Du gehst ... _____

_____

_____

32 zweiunddreißig

8 Grüße aus den Ferien

a Ergänze *ich* oder *es*.

1. Hier in der Schweiz ist _es_ toll. _____ gibt schöne Berge und Seen.
2. _____ gehe oft wandern.
3. _____ regnet leider oft.
4. Deshalb gehe _____ auch oft ins Kino.
5. _____ geht mir gut!

b Ordne die Sätze aus 8a den Bildern zu. Schreib die Postkarte in dein Heft.

9 Grüße aus Balkonien

a Kreuze die richtige Form an.

1. Ich [x] war [ ] wart gestern nicht in der Schule, sondern auf dem Balkon.
2. Kim [ ] hatten [ ] hatte kein Geld für den Urlaub.
3. Hanna und Teresa [ ] hattet [ ] hatten in den Ferien viel Spaß. Sie [ ] waren [ ] war in Italien.
4. [ ] War [ ] Warst du im Sommer im Urlaub? – Nein, ich [ ] hattest [ ] hatte keine Zeit.
5. [ ] Hattet [ ] Hatte ihr in Rom gutes Wetter? – Ja, das Wetter [ ] war [ ] wart super!
6. Wir [ ] hattet [ ] hatten ein Hotel mit Schwimmbad und Balkon. Und du? – Ich [ ] warst [ ] war am See und [ ] hatte [ ] hatten mein Zelt dabei. Ich campe gern.
7. [ ] Wart [ ] Waren ihr auch im Schwimmbad? – Nein. Wir [ ] hatten [ ] hatte keine Lust.

b Ergänze die Präteritum-Formen in der Tabelle. Übung 9a hilft dir.

	sein	haben
ich	war	
du		hattest
er, es, sie		hatte
wir		
ihr		hattet
sie, Sie	waren	

dreiunddreißig 33

13

c Ergänze die Formen von *haben* und *sein* im Präteritum.

● Ich warte schon 15 Minuten! Wo __warst__ (1) du denn?

○ Tut mir leid. Ich _____ (2) ein Problem. Mein Geld _____ (3) weg.

● Los jetzt. Der Film fängt gleich an!

■ _____ (4) du gestern auf der Party?

□ Ja, es _____ (5) total toll! Die Musik _____ (6) super und wir _____ (7) viel Essen und Getränke. Und wo _____ (8) du?

■ Ich _____ (9) bei meiner Oma. Sie _____ (10) Geburtstag.

▶ Wie _____ (11) deine Ferien?

▷ Oh, die Ferien _____ (12) super! Wir _____ (13) ein kleines Ferienhaus am Meer. Und das Wetter _____ (14) auch sehr schön. Und ihr?

▶ Wir _____ (15) zu Hause. Unsere Tante, unser Onkel und unser Cousin _____ (16) eine Woche da. Es _____ (17) total langweilig.

10 s – ss – ß – sch

a s: Hör zu und sprich nach.
2.22

Musik   Samstag   Satz   sehen   singen   sofort   Gemüse   sieben   lesen   Reise

b ss und ß: Hör zu und sprich nach.
2.23

Klasse   Wasser   essen   Straße   groß   Spaß   süß   weiß   vergessen   außerdem

c sch: Hör zu und sprich nach.
2.24

Schwester   Schule   Schwimmbad   schön   Schokolade   schnell   schreiben
Russisch   romantisch   Geschichte

d Hör zu und sprich nach.
2.25

Susanne sieht das Eis und will es essen.
Das Gemüse sieht super aus und ist gesund.
Die Klasse schreibt den Satz auf Russisch groß an die Tafel.

e sch, s, ss oder ß? Hör zu und ergänze.
2.26

1. Die __Sch__ule ist au____! Die Kla____en laufen ____nell au____ dem ____ulhau____.

2. ____amstag und ____onntag verge____en die ____üler Deut____, Phy____ik und Ge____ichte.

3. Drei Mädchen ____ingen im Bu____ romanti____e Lieder.

4. Zwei ____western e____en wei____e ____okolade. Sie ist ____ehr sü____.

34   vierunddreißig

Wörter – Wörter – Wörter

11 Plätze und Orte in der Stadt und auf dem Land

Wie heißt der Platz? Ergänze auch die Artikel.

1. _das_   M U S E U M
2. _____
3. _____
4. _____
5. _____
6. _____
7. _____
8. _____
9. _____
10. _____

1. Dort kann man Bilder ansehen oder etwas über die Geschichte lernen.
2. Dort gibt es einen großen Hof und viele Tiere.
3. Es ist keine Stadt, aber dort wohnen auch Menschen.
4. Kranke Leute bleiben dort ein paar Tage oder Wochen.
5. Es ist ein bisschen wie im Kino. Aber man sieht keinen Film.
6. Das ist ein Platz in der Stadt nur für Kinder.
7. Hier gibt es alte Häuser, einen Marktplatz und Cafés.
8. Man kann dort schwimmen, aber es ist kein See oder Meer.
9. Hier kann man essen und trinken.
10. Dort kann man mit dem Zelt Urlaub machen. Es ist billig.

12 Das Wetter

Wie ist das Wetter heute? Ein Wort passt nicht.

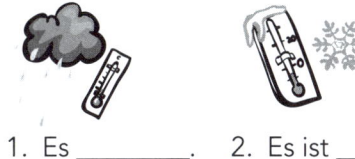

1. Es _____. 2. Es ist _____. 3. Es ist _____. 4. Es ist _____.

> warm
> kalt
> Wetter
> schön
> regnet

13 Aktivitäten im Urlaub

Welches Verb passt?

> liegen • vergessen • wandern • campen • ~~fliegen~~ • schwimmen

1. nach Kanada _fliegen_____
2. in der Sonne _____
3. mit dem Zelt _____
4. in den Bergen _____
5. im Meer oder im See _____
6. das Gepäck _____

14 Meine Wörter

Welche Wörter sind für dich wichtig? Schreib fünf Wörter auf.

_____

fünfunddreißig 35

14 Gute Besserung!

1 Beim Arzt

a Mal die Körperteile im Kasten an: der = blau, das = grün, die = rot.
Ordne die Körperteile zu und ergänze die Artikel.

Auge • Arm • Bauch • Bein • Finger •
Fuß • Haar • Hals • Hand • Kopf • Mund •
Nase • Ohr • Zahn

der Arm

b Wie viele? Zähl und schreib im Plural.

1.
der Kopf _2 Köpfe_
das Ohr _____
der Mund _____
das Auge _____
der Hals _____

2.
das Bein _____
der Fuß _____

3.
der Arm _____
die Hand _____

c Was ist das Problem? Hör die Gespräche und ordne zu. Schreib dann Sätze.

2.27

1. Ron — A Füße wehtun
2. Axel   B Augen schlecht sein
3. Sophia C Haare zu lang sein
4. Anne   D Schuhe weg sein

1. _Rons Augen sind schlecht._
2. _____
3. _____
4. _____

36 sechsunddreißig

2 Schwierige Wörter aussprechen

a Hör zu und sprich nach.

Lieblingslied   Wurstbrötchen   Sportschuhe   Schwimmbad   Spielplatz
Geschwister   Geburtstag   hoffentlich   mitbringen

b Schwierige Wörter schnell sprechen. Hör zu und sprich nach.

Im Schwimmbad und auf dem Spielplatz essen die Geschwister Wurstbrötchen und hören ihr Lieblingslied. Hoffentlich kommst du zu meinem Geburtstag! Und bring bitte Sportschuhe mit.

c Lange Wörter – und in deiner Sprache? Übersetze die Wörter aus 2a. Schreib in dein Heft und vergleiche. Was ist anders?

3 Aua! Mir tut … weh!

Lies das folgende Gespräch. Es gibt fünf Lücken ( ). Finde für jede Lücke das passende Wort und schreib es hinein! Achtung: Es gibt zwei Wörter zu viel!

geht ~~geht~~   hast   machen   besuchst
spielst   sehen   tut weh   musst

● Hallo Florian! Wir wollen gleich Basketball spielen. Kommst du mit?

○ Das *geht* (0) leider nicht. Sieh mal, meine Hand ist total dick und _____ (1).

● Oh, was _____ (2) du denn? Du _____ (3) schnell zum Arzt gehen!

○ Da war ich schon: Ich kann zwei Wochen keinen Sport _____ (4).

● Schade! Hoffentlich geht es dir bald besser. Dann _____ (5) du wieder mit uns Basketball.

4 Pantomime: Krankheiten

So ein Quatsch! Was haben die Personen wirklich? Korrigiere und schreib die Sätze richtig in dein Heft.

1. Ich kann meine Hausaufgaben nicht machen. Mein Fuß tut weh.
2. Wir können keine Musik hören, wir haben Nasenschmerzen.
3. Meike kann nichts essen. Sie hat Beinschmerzen.
4. Karl kann nicht lesen. Seine Arme tun weh.
5. Ich kann nicht singen. Mein Bein tut weh.

1. Ich kann meine Hausaufgaben nicht machen. Mein Kopf tut weh.

siebenunddreißig 37

5 Das Mathe-Fieber, Teil 1 „Die Klassenarbeit"

a Was passt zusammen? Notiere in der Tabelle.

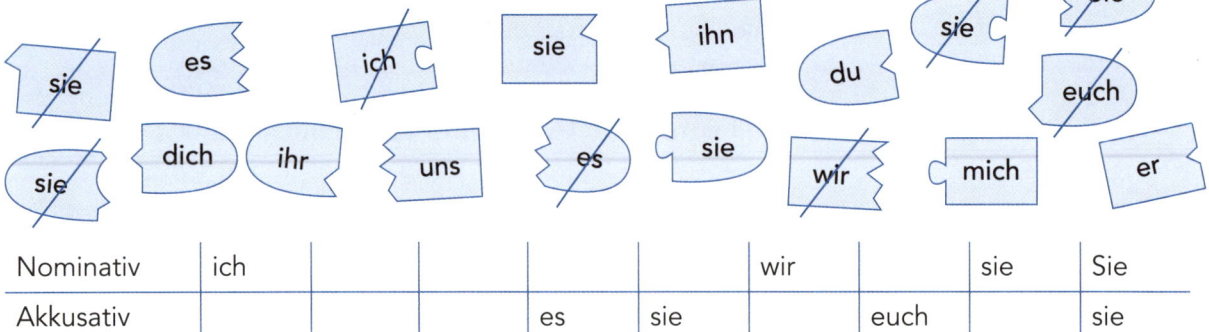

~~sie~~ · es · ich · sie · ihn · du · ~~sie~~ · ~~Sie~~ · euch · ~~sie~~ · dich · ihr · uns · ~~es~~ · sie · wir · mich · er

Nominativ	ich					wir		sie	Sie
Akkusativ				es	sie		euch		sie

b Wer ist das? Für wen steht das Pronomen? Schreib den Namen.

Pia, Nadja und Kolja sind auf dem Schulhof. Paul ist krank.

Pia: Hey Leute! Paul ist krank.
Nadja: Was hat er (*Paul*) (1) denn?
Pia: Er hat Bauchschmerzen. Wollen wir ihn (_____) (2) heute besuchen?
Kolja: Wann wollt ihr (_____) (3) denn los?
Pia: Gleich nach der Schule, oder?
Nadja: Okay. Kann ich euch (_____) (4) was fragen?
Pia u. Kolja: Was denn?
Nadja: Kann Robbie mitkommen?
Kolja: Ja, klar. Wo ist er (_____) (5) denn? Ich sehe ihn (_____) (6) nicht.
Nadja: In der Cafeteria vielleicht. Ich suche ihn (_____) (7). Bis gleich!
Pia: Immer muss sie (_____) (8) ihn (_____) (9) mitnehmen.

c Ergänze die richtigen Personalpronomen in den SMS.

mich · ~~dich~~ · sie · dich · euch · mich · uns · ihn

1. Hallo Frank, kommst du mit ins Kino? Ich hole *dich* ab. Ruf _____ an, ja? Jan

2. Hey Leute, sehe ich _____ heute beim Fußball? Alex kommt auch. Ich treffe _____ gleich. Bis später!

3. Hallo Lilli, mein Vater bringt _____ heute mit dem Auto zum Tanzen. Fährst du mit? Wir holen _____ ab. Okay?

4. Anna ist wieder gesund. Ich besuche _____ um 15 Uhr. Sie macht Kuchen für _____. Kommst du mit? Natalie

14

6 Das Mathe-Fieber, Teil 2 „Der Besuch"

a Was passt nicht zum Thema *krank sein*? Streich durch.

1. Halsschmerzen – ~~Hunger~~ – Kopfschmerzen – Zahnschmerzen
2. Mir ist schlecht! – Gute Besserung! – Mein Kopf tut weh! – Herzlich willkommen!
3. zum Arzt gehen – Freunde einladen – Tabletten nehmen – im Bett bleiben
4. Apotheke – Klassenzimmer – Krankenhaus – Arzt

b Welches Verb passt?

bleiben • wünschen • ~~bekommen~~ • haben • nehmen • gehen • mitbringen

1. Besuch _bekommen_
2. Bauchschmerzen _____
3. Gute Besserung _____
4. ein Geschenk _____
5. zum Arzt _____
6. im Bett _____
7. Tabletten _____

c Welches Wort passt? Kreuze an.

Hallo Jasmin,

wie geht es _dir_ (1)? Mir geht es nicht so gut. Das Wetter hier ist sehr _____ (2). Ich bin _____ (3) und deshalb gehe ich heute nicht in die Schule. Ich _____ (4) Halsschmerzen und mein Kopf _____ (5).

Mein Vater sagt: „_____ (6) im Bett!" Aber das ist so langweilig. _____ (7) geht jetzt zur Apotheke und holt _____ (8) für mich. Nach der Schule besuchen _____ (9) meine Freunde. Oh, mein Vater kommt! _____ (10) muss schnell ins Bett! Ich rufe _____ (11) am Freitag an, dann geht es mir sicher viel _____ (12).

Lilli

1. ☐ dich / ☒ dir / ☐ mir
2. ☐ regnet / ☐ Regen / ☐ schlecht
3. ☐ krank / ☐ gesund / ☐ gut
4. ☐ tut / ☐ bin / ☐ habe
5. ☐ tut weh / ☐ Schmerzen / ☐ geht weg
6. ☐ Gehst / ☐ Bleibst / ☐ Bleib
7. ☐ Ihn / ☐ Ich / ☐ Er
8. ☐ Schokolade / ☐ Tabletten / ☐ einen Arzt
9. ☐ sie / ☐ ihn / ☐ mich
10. ☐ Ich / ☐ Er / ☐ Mich
11. ☐ du / ☐ dich / ☐ dir
12. ☐ gesund / ☐ verrückt / ☐ besser

d Du hast die E-Mail von Lilli bekommen. Antworte darauf mit mindestens 30 Wörtern.

7 Bewegung ist gesund

Gib den Personen Tipps. Die Sätze im Kasten helfen.

> ~~mehr Sport machen~~ • mit dem Fahrrad zur Schule fahren • im Park laufen •
> Skateboard fahren • schwimmen • Tennis spielen • wandern • Fußball spielen • tanzen

1. *Du musst mehr Sport machen. / Mach mehr Sport.*
2. _____
3. _____
4. _____
5. _____
6. _____
7. _____
8. _____
9. _____

8 Projekt: Wochenplan Bewegung

a Interview mit Charlotte, Adrian und Tom. Wie viel Bewegung haben sie? Ordne zu.

2.30

viel: _____ wenig: _____

b Wer macht was? Hör noch einmal und ergänze die Namen: C = Charlotte, A = Adrian, T = Tom.

> _C_ jeden Tag eine Stunde Fahrrad fahren • ____ zu Hause Mathe lernen • ____ abends
> immer joggen gehen • ____ am Wochenende wandern oder segeln gehen • ____ den Müll
> in den Hof bringen • ____ nicht so viel Bewegung haben • ____ Sport schrecklich finden •
> ____ alle zwei Tage zum Volleyball-Training gehen • ____ im Garten helfen

c Schreib Sätze zu den Personen in 8b in dein Heft. Schreib dann auch Sätze über dich.

… hat viel Bewegung. Sie fährt jeden Tag eine Stunde Fahrrad …
Ich …

40 vierzig

14

Wörter – Wörter – Wörter

9 Körper-Quiz

Finde zwölf Körperteile. Schreib sie mit Artikel und Plural in dein Heft.

O	H	G	K	O	P	F	A	H	M	P	A
B	A	U	C	H	M	A	N	A	S	E	W
E	L	P	E	R	U	U	Y	A	C	H	U
I	S	T	F	I	N	G	E	R	S	Ö	K
N	U	H	A	N	D	E	R	Z	A	H	N

der Kopf / die Köpfe, ...

10 Eric muss zum Arzt.

Wer sagt das? Der Arzt (A) oder Eric (E)? Ergänze. Schreib dann die Sätze in deiner Sprache.

deine Sprache:

1. [A] Was fehlt dir denn? _____
2. [ ] Hast du Schmerzen? _____
3. [ ] Mir geht es so schlecht. _____
4. [ ] Meine Ohren tun weh. _____
5. [ ] Du bist bald wieder gesund. _____
6. [ ] Ich habe Kopfschmerzen. _____
7. [ ] Gute Besserung! _____
8. [ ] Du musst Tabletten nehmen. _____
9. [ ] Muss ich im Bett bleiben? _____

11 Pommes-Party

Ergänze die Wörter aus dem Kasten.

> gut • gesund • ~~geht~~ • krank • Arzt • Tabletten • Party • Bauchschmerzen • Schokolade

● Hallo Marie, wie _geht_ (1) es dir?

○ Hallo Anna. Mir geht es _____ (2)! Aber Jens ist _____ (3). Er hat _____ (4). Ich glaube, er isst zu viel _____ (5).

● Stimmt. War er schon beim _____ (6)?

○ Ja. Er muss _____ (7) nehmen. Ach ja, ich mache morgen eine _____ (8). Es gibt Pommes. Das ist nicht _____ (9)! Aber ich liebe Pommes!

12 Meine Wörter

Welche Wörter sind für dich wichtig? Schreib fünf Wörter auf.

_____

einundvierzig 41

15 Bei mir zu Hause

1 Bens Zimmer

a Was stimmt hier nicht? Streich den falschen Ausdruck durch und korrigiere.

1. In meinem Zimmer gibt es ~~ein Regal~~. Dort kann ich gut schlafen. _ein Bett_

2. ~~Meine Lampe~~ ist toll. Dort sind meine Pullover, Hosen und T-Shirts. _____

3. Und es gibt in meinem Zimmer ein Bett. Dort kann ich prima Hausaufgaben machen. _____

4. Ich habe auch einen Schrank. Dort kann ich gut sitzen. _____

5. Mein Stuhl ist super. Dort sind alle meine Bücher und mein Fußball. _____

6. In meinem Zimmer gibt es auch einen Tisch. Sie gibt Licht. _____

b 2.31 Hör die Zimmerbeschreibung. Welches Zimmer ist das? A oder B?

A   B

2 Das Zimmerspiel

a Singular und Plural. Ergänze.

1. das Bett	die Betten	4.	die Stühle
2. der Schreibtisch		5.	die Lampen
3.	die Schränke	6. das Regal	

b Beschrifte die Möbel in deinem Zimmer. Lies und sprich die Wörter immer wieder.

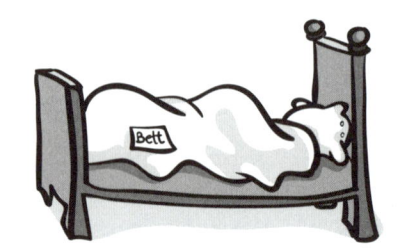

42 zweiundvierzig

15

3 Bens Wohnung

a Markiere alles aus Bens Wohnung. Schreib die Wörter mit Artikel auf.

tugcompu<mark>wohnzimmer</mark>bofluralegatenschlafzimmerschriküchenbedobabadzuggarten

1. _das Wohnzimmer_   4. _____   5. _____
2. _____   3. _____   6. _____

b Wo gibt es das?

1. _im Bad_   2. _____   3. _____   4. _____

c Zimmer von Kindern in Deutschland: Ordne die Antworten den passenden Fragen zu. Achtung: Eine Antwort ist zu viel.

A Oft müssen Kinder ihr Zimmer allein aufräumen. Aber manche Eltern helfen den Kindern und räumen einmal in der Woche richtig auf.

B Mit 8 bis 12 Jahren wollen Kinder in Deutschland ihr eigenes Zimmer.

C Auch Kinder möchten manchmal allein sein. In ihrem Zimmer können sie wohnen, schlafen, Hausaufgaben machen und ihre Freunde treffen.

D Kinder hängen in ihrem Zimmer gerne Poster oder Fotos auf.

E Die meisten Kinderzimmer sind zwischen 10 und 20 m² groß.

F Jedes zweite Kind in Deutschland hat einen Fernseher im Zimmer.

G Kinder machen gern Computerspiele. Sie hören gern Musik, sie telefonieren oft und sehen sehr viel fern.

Frage	Antwort
0. Warum brauchen Kinder ihr eigenes Zimmer?	C
1. Wann möchten Kinder ein eigenes Zimmer haben?	
2. Wie groß sind die Kinderzimmer in Deutschland?	
3. Wie dekorieren Kinder ihr Zimmer?	
4. Wie viele Kinder haben einen Fernseher in ihrem Zimmer?	
5. Wer räumt das Kinderzimmer auf?	

d Was machst du wo? Schreib sieben Sätze.

In meinem Zimmer schlafe ich. Ich telefoniere ...

dreiundvierzig 43

4 Eine Einladung

a Ronald feiert eine Party. Ergänze die E-Mail. Der Kasten hilft.

Hi _Leute_,
ich lade euch zu meiner Geburtstagsparty _____.
Wir machen eine Disco. _____.
_____. _____?
Bitte sagt _____.
_____ ist Heinrichstraße 5.
_____

> Bringt also bitte Musik mit
> Kommt ihr
> ~~Leute~~
> Euer Ronald
> Meine Adresse
> am 24.10. um 16 Uhr ein
> bis 20.10. Bescheid

b Du machst eine Party. Schreib eine Einladung an deine Freunde in dein Heft. Die Informationen im Kasten helfen dir.

> Geburtstag • am 16.07. / um 17 Uhr • Fußballspiel • mitbringen / Sportschuhe • Adresse / Fasanenweg 1 • Bescheid sagen / 13.07.

c Der Weg zu deinem Freund. Hör die Nachricht. Mal den Weg in den Plan.
2.32

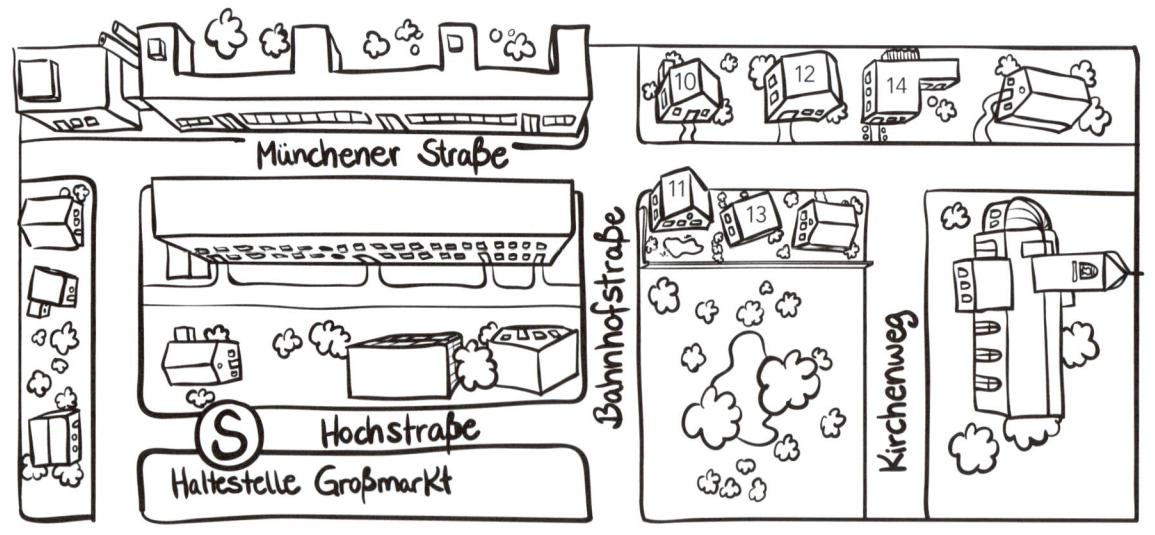

d Hör noch einmal. Beschreib den Weg deinen Freunden. Ergänze die Wörter.

Fahrt (1) mit der S-Bahn Linie 1 bis Großmarkt. _____ dann rechts aus der Haltestelle _____ (2). Ihr geht _____ (3) bis zur Bahnhofstraße. Geht dann _____ (4). Ihr _____ (5) dann wieder geradeaus gehen und dann rechts in die Münchener Straße. Dann _____ (6) ihr schon das Haus _____ (7) 12. _____ (8) bei „Marmer".

44 vierundvierzig

5 Vielen Dank für die Einladung

a Verbinde die Entschuldigungssätze. Welche Sätze sind Quatsch? Schreib noch mehr Quatsch-Entschuldigungssätze in dein Heft.

1. Ich kann nicht kommen. Mein Hund
2. Tut mir leid, aber ich muss meiner Mutter
3. Ich kann nicht. Ich bin
4. Ich kann nicht kommen, mein Schrank ist leer. Ich habe

A nichts zum Anziehen.
B hat Zahnschmerzen.
C im Urlaub.
D helfen.

b Ordne die Sätze in der E-Mail. Schreib die Entschuldigung dann in dein Heft.

Hi Micha,
meine Fische sind krank.
Tut mir leid, ich kann nicht zu deiner Party kommen.
Vielen Dank für deine Einladung.
Manni

Hi Micha, ...

c Dein bester Freund / Deine beste Freundin feiert eine Party. Du hast keine Lust. Welche Entschuldigung ist in deinem Land okay? Kreuze an.

☐ Tut mir leid, aber ich habe keine Lust.
☐ Schade, ich bin krank.
☐ Ich habe keine Zeit. Ich muss lernen.
☐ Tut mir leid, meine Mutter / mein Vater hat Kopfschmerzen.
☐ Ich mag keine Partys. Ich möchte dich lieber alleine treffen.
☐ Ich kann leider nicht kommen. Da habe ich Ferien.
☐ Ich kann nicht kommen.
☐ Tut mir leid, meine Tante hat Geburtstag.

6 Die Fahrt zu Paul

a Was passt? Ergänze die Lücken im Rätsel.

1. Die S-Bahn kommt auf __ __ __ __ __ 5 an.
2. Am __ __ __ __ __ __ kommen und fahren Züge und S-Bahnen.
3. Der Bus kommt um 19.04 Uhr an der __ __ __ __ __ __ __ __ __ an.
4. Für die S-Bahn und den Bus musst du eine __ __ __ __ __ __ __ __ kaufen.
5. Du gehst nicht rechts und nicht links. Du gehst __ __ __ __ __ __ __ __ __.
6. Hier ist die Viktorstraße. Wie ist Pauls __ __ __ __ __ __ __ __ __ __?
7. Kommst du zu mir? Du musst am Ostbahnhof __ __ __ __ __ __ __ __ __.
8. Endlich kommt die S-Bahn an. Wir können __ __ __ __ __ __ __ __.

b Schreib die markierten Buchstaben auf. Wie heißt das Wort?

_____

7 Mit oder ohne h?

a Hör die Sätze. *H* oder kein *H*? Ergänze die Lücken.

1. DER __H__UND IST ___EUTE IM ___AUS.
2. ___AST DU EINE ___OSE UND EIN ___ANDY?
3. ___ANDY ___UND ___ANNA SIND ___ACHT JAHRE ___ALT.
4. ___IHR SEID ___ALLE ___AUS ___ESSEN.
5. ___ANNA ___AUS ___ALLE SAGT: „DAS ___EIS IST ___EISS."

b Hör die Sätze noch einmal und sprich nach.

8 Nicht zu Hause wohnen

a Ergänze *bei*, *am*, *in* oder *auf*.

Ich wohne nicht _____ (1) meinen Eltern. Ich wohne _____ (2) meiner Oma, _____ (2) Konstanz. Sie wohnt _____ (3) Bodensee. Meine Schwester wohnt auch hier. Wir haben zusammen ein Zimmer. Manchmal möchte ich allein sein. Das geht am besten _____ (4) See oder _____ (5) einer Bank im Park.

(Monika, 14 Jahre)

b Erinnerst du dich noch? Findest du im Kursbuch in Kapitel 13 die richtigen Präpositionen? Ergänze.

Wohin? Ich fahre …	_____ Italien. _____ Türkei.	___ meiner Oma. ___ meinem Opa.	___ den See. ___ Meer.	___ den Park. ___ die Berge.	auf die Weide.
Wo? Ich bin …	in Italien. in der Türkei.	bei meiner Oma. bei meinem Opa.	am See. am Meer.	im Park in den Bergen.	auf der Weide.

c *Wo* oder *Wohin*? Was passt? Kreuze an und ergänze die richtige Präposition.

1. ☐ Wo? ☐ Wohin? Maria fährt in den Ferien _____ Portugal, _____ ihrem Bruder.
2. ☐ Wo? ☐ Wohin? Karim wohnt nicht zu Hause. Er wohnt _____ seiner Tante.
3. ☐ Wo? ☐ Wohin? Alex ist _____ See und möchte baden.
4. ☐ Wo? ☐ Wohin? Die Pferde stehen _____ der Weide oder _____ Stall.
5. ☐ Wo? ☐ Wohin? Frau Müller wandert _____ den Bergen.
6. ☐ Wo? ☐ Wohin? Kai geht heute Nachmittag _____ die Schule und danach _____ den Park.

9 Projekt: Room-Tour

Welche Möbel hast du in deinem Zimmer?
Was machst du dort? Schreib in dein Heft.

> Bett – Hier schlafe und lese ich.
> Schrank – Hier liegen meine Sachen.
> Schreibtisch – …

15

Wörter – Wörter – Wörter

10 Möbel und Zimmer

a Markiere die Möbel und Zimmer.

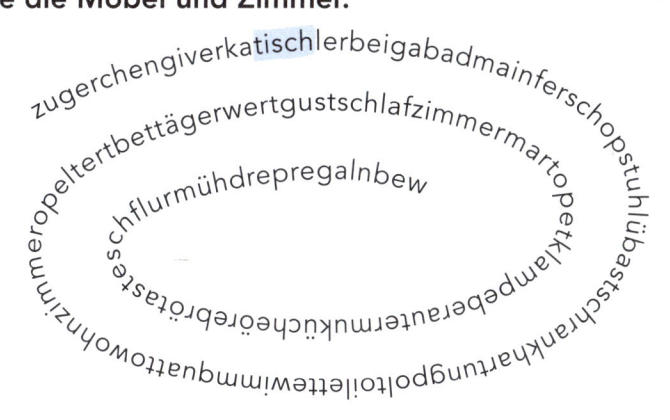

b Ordne die Wörter aus 10a zu. Schreib sie mit Artikel und Plural.

Möbel: der Tisch / die Tische, ...   Zimmer: _____

11 Silbenrätsel

Was passt zusammen? Mach eine Tabelle im Heft. Schreib die Wörter richtig in die Tabelle.

> aus • an • ver • Aus • bahn • steigen • bringen • mü • flug • Halte • Haus • kommen • lich • mit • nummer • Plan • pünkt • de • Straßen • steigen • stelle • U-Bahn • ein • rückt

Nomen	Verb	Adjektiv
	aussteigen	

12 Mit der U-Bahn fahren

Was passiert zuerst, was danach …? Ordne die Sätze und schreib sie in dein Heft.

> ich steige aus • ich kaufe eine Fahrkarte • ich steige in die U-Bahn-Linie 2 ein • die U-Bahn kommt in Neustadt an • ich laufe zum Gleis • die U-Bahn fährt ab

Ich laufe zum Gleis. ...

13 Meine Wörter

Welche Wörter sind für dich wichtig? Schreib fünf Wörter auf.

_____

siebenundvierzig 47

16 Finale

1 Wiederholungsspiel

Leg sehr viele Spielsteine auf den Tisch. Mach die Aufgaben auf den Feldern. Nimm für jede richtige Lösung einen Stein. Wie viele Spielsteine hast du am Ziel? Vergleicht in der Klasse.

START

1. Ergänze *gern* und *lieber*.

   Maria spielt _____ Klavier, aber ich spiele _____ Gitarre. Und was hörst du _____: Klavier oder Gitarre?

6. Ergänze *mein(e)* und *dein(e)*.
   - Ist das _____ Handy?
   - Nein, das ist nicht _____ Handy. Aber das ist _____ Tasche!
   - Hier, bitte schön.

5. Mach Sätze.

   ich – um 7 Uhr – aufstehen
   Ich stehe _____
   _____

   du – das Zimmer – aufräumen
   _____
   _____

7. Ergänze die richtige Form von *sein*.

   Ich *bin* 14 Jahre alt.
   Das _____ mein Freund.
   Das _____ keine Hefte.
   Wie alt _____ du?

8. *Ein*, *eine* oder *einen*?

   Wir haben _____ Hund.
   Ich will _____ Katze.
   Du kaufst _____ Buch.
   Er braucht _____ Hut.

13. Ergänze *müssen* oder *können*.
    - Kommst du mit? Wir wollen Fußball spielen.
    - Nein, ich _____ nicht. Ich _____ noch lernen.

14. Ergänze.

    ich – *mich*
    du – _____
    er – _____
    wir – _____
    sie – _____

15. Deine Freunde sind krank. Gib Tipps.

    Trinkt viel Tee!
    _____ im Bett!
    _____ zum Arzt!
    _____ eine Tablette!

48   achtundvierzig

16

Du hast 45–50 Steine. ☺☺
Du hast 35–44 Steine. ☺
Du hast 25–34 Steine. 😐
Du hast 0–24 Steine. ☹

2. Finde drei Körperteile mit *das*.
1. das _____
2. das _____
3. das _____

3. Ergänze *ihm*, *ihr*, *mir*, *dir*.
Gib _____ den Stift! (Lukas)
Hilf _____ bitte! (Katja)
Gefällt _____ die Musik? (du)
Tut _____ leid! (ich)

4. Wie heißt die Frage?
● *Gehst du* _____?
○ Ja, ich gehe gern ins Kino.
● _____?
○ Nein, ich komme nicht aus Frankreich.

9. *In*, *an* oder *nach*? Paul fliegt in den Ferien _____ die Türkei, _____ das Mittelmeer. Julia fährt _____ Österreich, _____ die Berge.

10. Ergänze das richtige Verb.
Gestern *hatte* ich starke Kopfschmerzen. Ich _____ beim Arzt. Abends _____ ich Besuch. Peter _____ da.

12. Wie heißt der Plural?
der Junge – die *Jungen*
der Stift – die _____
das Auto – die _____
die Katze – die _____

11. Schreib die Zahlen.
dreiundzwanzig _____
zwölf _____
fünfundvierzig _____
einunddreißig _____

16. *Sein(e)* oder *ihr(e)*?
Die Tasche gehört Meike. Das ist _____ Tasche. Der Fisch gehört Felix. Das ist _____ Fisch, aber das ist nicht _____ Katze.

ZIEL

2 Feste und Feiern in D-A-CH

a Hör die fünf Gespräche. Welches Gespräch passt zu welchem Bild? Nummeriere.
Achtung: Ein Foto ist zu viel.

2.34

beim Karneval

A

Gespräch _____

bei der Geburtstagsparty

C

Gespräch _____

beim Nationalfeiertag

E

Gespräch _____

beim Konzert

B

Gespräch _____

an Weihnachten

D

Gespräch _____

beim Kaffeetrinken zum Geburtstag

F

Gespräch _____
_____

b Welche Stadt ist das? Verbinde die Fotos und Städte.

1.    2.    3.    4.

Hamburg

Berlin   Bern   München

50 fünfzig

c Was ist das? Ordne die Fotos den Wörtern zu.

A   B

C   D

E   F

Würstchen: Foto _C_

Pfannkuchen: Foto ____

Schokolade: Foto ____

Sachertorte: Foto ____

Käsefondue: Foto ____

Mozartkugeln: Foto ____

d Das weißt du schon. Kreuze die richtige Antwort an.

1. Welche Stadt liegt nicht in Österreich?
   - ☐ Innsbruck
   - ☒ Dresden
   - ☐ Salzburg

2. Was braucht man nicht für Pfannkuchen?
   - ☐ Zitronen
   - ☐ Eier
   - ☐ Mehl

3. Wo kann man Ski fahren?
   - ☐ in den Alpen
   - ☐ an der Nordsee
   - ☐ in Wien

4. In Hamburg sagt man:
   - ☐ Servus!
   - ☐ Grüß Gott!
   - ☐ Moin, Moin!

5. Was passt nicht zu Karneval?
   - ☐ Köln
   - ☐ Weihnachtsbaum
   - ☐ Kostüm

6. Welche Stadt liegt nicht im Süden?
   - ☐ Bern
   - ☐ Salzburg
   - ☐ Köln

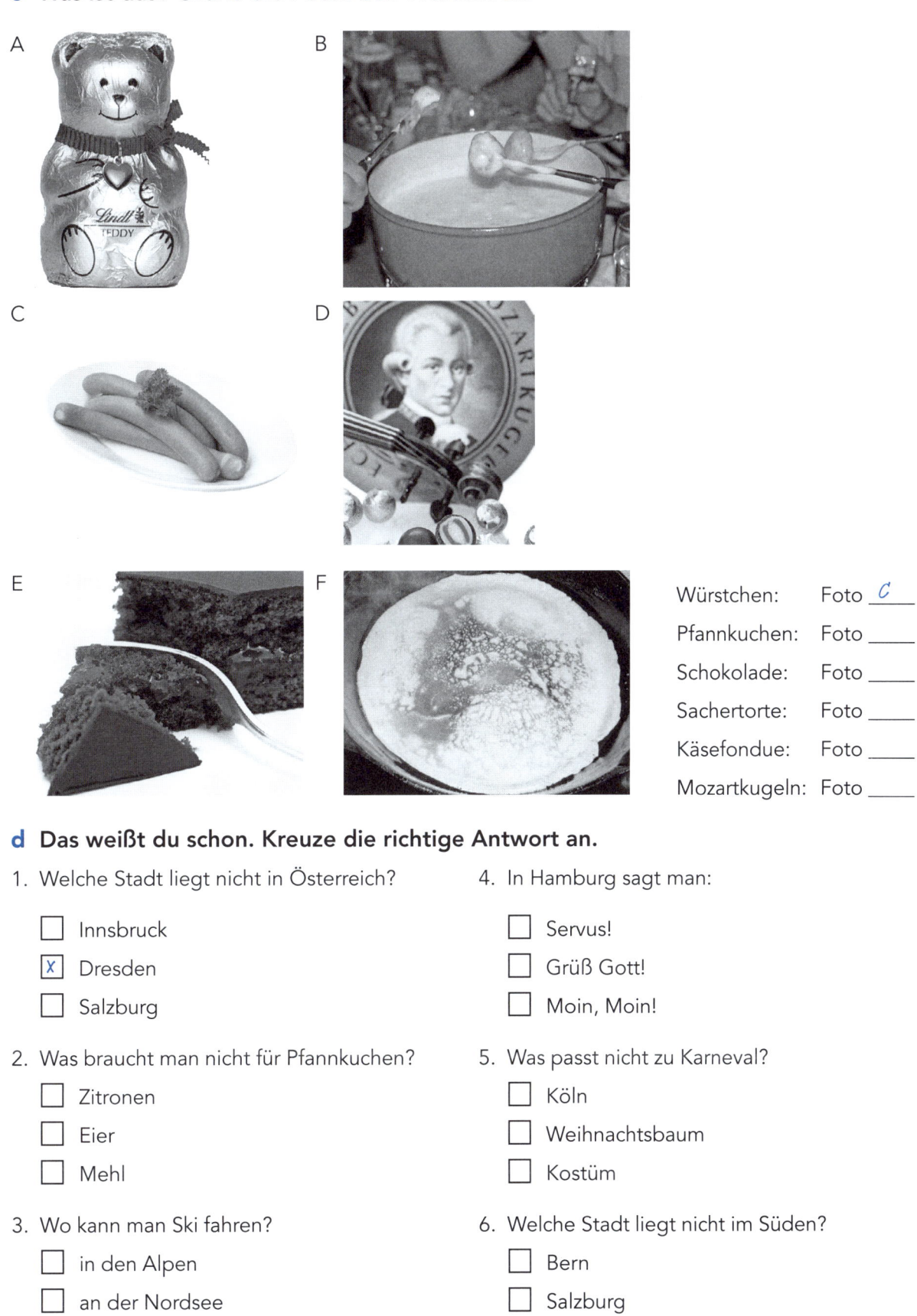

16

3 Die Kurs-Abschlussparty

Wie findest du **Logisch**? Was war lustig? Wen magst du gern? …
Schreib Sätze. Der Kasten hilft.

> Ich mag … gern.
> Sie/Er ist gut/süß/lustig/cool …
> Sie/Er macht/sagt/spielt/ …
> Das finde ich toll/super/blöd/ …
>
> Ich sage oft …
> Ich mag Gruppenarbeit/Schreibaufgaben/
> Geschichten/Gedichte/Tiere/Sport …
> Mein/Meine Lieblings… ist …

a Wen magst du gern? Warum?

Ich mag … gern. Sie/Er ist …

_____
_____
_____
_____

Frau Müller (Lehrerin) Nadja Jannik Pia Plato Paul Robbie

b Was ist deine Lieblingsgeschichte mit Pia und ihren Freunden?
Was passiert in der Geschichte?

Kapitel _____ Seite _____

_____
_____
_____

c Welche ist deine Lieblings-Dora? Warum?
Was sagt oder erklärt sie?

Kapitel _____ Seite _____

_____
_____

d Was ist dein *Logisch*-Lieblingswort? Wann und wie oft benutzt du dieses Wort?

_____
_____

52 zweiundfünfzig

e Was sagst du gern? Welche 💬 benutzt du oft?

- Ach Quatsch!
- Das verstehe ich nicht!
- Du bist dran!
- Tschüs!
- Entschuldigung!

f Was ist dein Lieblingsprojekt aus Logisch!? Warum?

> Zahlen in unserer Schule • Ein Poster von einer Fantasie-Person machen • Ein Quiz machen • Freunde-Buch • Traumtag / Horrortag • Unsere Schule vorstellen • Hobbys bei uns im Ort • Eine Austauschklasse suchen • …

_____
_____
_____

g Was kannst du dir nicht merken?

(Sein, ihr oder ihre???) (Der, die oder das Schulband?)

_____
_____
_____

h Weißt du das noch? Kreuze an und korrigiere dann die falschen Sätze.

	richtig	falsch
1. Pia schreibt in ihr Tagebuch. Sie ist traurig. Paul hat keine Zeit für sie. (Kap. 9)	☐	☒
2. Nadja isst gern gesund, aber Robbie isst lieber Hamburger. (Kap. 6)	☐	☐
3. Toshiba und Akimi kommen nicht aus Japan. (Kap. 3)	☐	☐
4. Nora und Martin besuchen Alex. Er ist krank. Er hat Fieber. (Kap. 14)	☐	☐
5. Auf dem Schulfest zaubert Paul eine Pizza. (Kap. 12)	☐	☐
6. Robbie und Nadja fahren im Sommer an die Nordsee. (Kap. 13)	☐	☐
7. Paul macht eine Party zu Hause. Die Freunde kommen zu spät. Der Fahrkartenautomat war kaputt. (Kap. 15)	☐	☐

1. Nadja hat keine Zeit für Pia.
_____
_____

D Training

1 Sprechen: Nachfragen

a Sieh die Bilder an. Lies die Gespräche 1 bis 3 und ergänze sie. Hör zur Kontrolle.

> Wie heißt das auf Deutsch? • Das verstehe ich nicht. • Was heißt „platform" auf Deutsch?

1.
- Das Wetter ist scheußlich.
- Äh? „Scheußlich"? _____
- Oh Entschuldigung, „scheußlich" heißt schlecht. Das Wetter ist schlecht. Es regnet.
- Ah! Ich verstehe. Ja, das Wetter ist scheußlich.

2.
- _____
- Das heißt „Wörterbuch".
- Ah ja! Brauchst du mein Wörterbuch?
- Ja, danke.
- Bitte.

3.
- _____
- Das heißt „Gleis".
- Danke.

b Du hörst die Gespräche aus Übung 1a jetzt ohne die Nachfragen. Sprich die Nachfragen in die Pausen. Hör dann noch einmal und sprich die Nachfragen ohne Buch.

c Schreib zwei Gespräche wie in 1a. Spiel sie mit einem Partner / einer Partnerin in der Klasse.

> Das ist mein Onkel.
>
> Äh? „Onkel"? Das verstehe ich nicht.
>
> Mein Onkel ist der Bruder von meiner Mama.

> Nachfragen ist praktisch und wichtig. Lerne die Sätze und Fragen am besten auswendig.

54 vierundfünfzig

Training D

2 Sprechen: Wörter erklären

a Was passt? Ordne zu.

1. gefallen
2. das Geschenk
3. das Internat
4. heiß
5. die Zahnschmerzen
6. aussteigen
7. frühstücken
8. die Farben

a Das bekommt man zum Geburtstag.
b Ein Zahn tut weh.
c Rot, Gelb, Grün …
d gut finden
e Das ist eine Schule. Man wohnt auch dort.
f am Morgen essen
g sehr, sehr warm
h rausgehen, zum Beispiel aus der S-Bahn

*Das ist …,
Das heißt …,
Da kann man …*

b Erkläre diese Wörter. Die angegebenen Wörter helfen.

1. die Ohrenschmerzen: *Das heißt, die Ohren tun weh*
   (Ohren – wehtun)

2. die Tante: *Das ist* _____
   (die Schwester – von meinem Vater, von meiner Mutter)

3. der Geburtstag: _____
   (Geschenke – Freunde – gratulieren)

4. die Küche: _____
   (Raum in einer Wohnung – kochen)

5. die Turnhalle: _____
   (Halle in der Schule – Sport machen)

c Such drei Wörter aus der Wortliste von Kapitel 15 und schreib Erklärungen. Erkläre die Wörter dann einem Partner / einer Partnerin. Versteht er/sie die Wörter?

3 Sprechen: Wörter mit einer Pantomime erklären

a Welche Wörter spielen die Personen? Schreib auf.

_____   _____   _____

b Übe die Tätigkeiten im Kasten als Pantomime ein. Spielt dann zusammen in der Klasse: Einer zeigt eine Pantomime. Die anderen raten.

> Gitarre spielen • Fahrrad fahren • tanzen • Eis essen • Tee trinken • duschen • klingeln • anrufen • eine Nachricht schreiben • Musik hören • traurig sein

fünfundfünfzig 55

Kapitelwortschatz Kursbuch

Kapitel 9   Seite 6

die Reihenfolge (Sg.) _____

bisschen _____

  (Mir ist ein bisschen langweilig.)

süß _____

so (Robbie ist so süß!) _____

Macht nichts! _____

mal (Hör mal!) _____

der Song, -s _____

die Schulband, -s _____

der Sänger, – _____

die SMS, – _____

weg (Ich muss weg.) _____

Seite 7

das Tagebuch, -bücher _____

traurig _____

verliebt _____

aber _____

manchmal _____

einfach _____

  (Wir passen einfach nicht zusammen!)

der Park, -s _____

außerdem _____

total _____

glücklich _____

niemand _____

lieben _____

die Liste, -n _____

das Theater, – _____

das Handy-Spiel, -e _____

skypen _____

chillen _____

der Fragebogen, -bögen _____

der Mitschüler, – _____

Seite 8

romantisch _____

dumm _____

die Frau, -en _____

der Baum, Bäume _____

der Hof, Höfe _____

dort _____

die Leute (Pl.) _____

allein (Niemand ist allein.) _____

die Blume, -n _____

der Mann, Männer _____

das Baby, -s _____

die Strophe, -n _____

die Familie, -n _____

die Schulklasse, -n _____

Seite 9

komisch _____

das Motorrad, -räder _____

der Knochen, – _____

die Sekunde, -n _____

merken (Merkt euch das Wort.) _____

schließen (Schließt das Buch.) _____

öffnen _____

das Team, -s _____

Seite 10

der Anfang, Anfänge _____

die Mitte (Sg.) _____

das Ende, -n _____

kaufen _____

hinten _____

der Fan, -s _____

das Forum, Foren _____

die Serie, -n _____

ohne _____

  (Ohne Musik kann ich nicht leben.)

56   sechsundfünfzig

Kapitelwortschatz Kursbuch

der Kopfhörer, – _____
das Ohr, -en _____
leben _____
das Leben, – _____
Lieblings-... _____
   (der Lieblingssänger,
   die Lieblingsgruppe, …)
unter _____

Kapitel 10   Seite 12
der Geburtstag, -e _____
feiern _____
das Geburtstagskind, -er _____
das Geschenk, -e _____
bekommen _____
   (Geschenke bekommen)
der Kuchen – _____
trinken _____
der Kaffee (Sg.) _____
der Schulfreund, -e _____
gratulieren _____
   (zum Geburtstag gratulieren)
das Geburtstagslied, -er _____
ein|laden (Sie lädt alle ein.) _____

Seite 13
Alles Gute! _____
der Eintrag, Einträge _____
lieb (liebe Sophie, lieber Kai) _____
Herzlichen Glückwunsch! _____
das Glück (Sg.) (Viel Glück!) _____
danken (Ich danke euch.) _____
Feier schön! _____
mit|bringen _____
der Hunger (Sg.) _____
   (Ich habe Hunger.)
der Ausdruck, Ausdrücke _____

der Winter, – _____
der Frühling, -e _____
der Sommer, – _____
der Herbst, -e _____
der Geburtstagskalender, – _____
der Monat, -e _____
   (der Januar, der Februar,
   der März, der April,
   der Mai, der Juni,
   der Juli, der August,
   der September, der Oktober,
   der November, der Dezember)

Seite 14
der Segen, – _____
die Gesundheit (Sg.) _____
der Frohsinn (Sg.) _____
die Überraschung, -en _____
die Idee, -n (eine Idee haben) _____
schenken _____
wünschen _____
   (Ich wünsche mir ein Buch.)
lieber _____
   (Ich will lieber einen Ball.)

Seite 15
die Bude, -n _____
der Onkel, – _____
die Tante, -n _____
der Verwandte, -en _____
wahr (Das ist wahr!) _____
der Witz, -e _____
frisch _____
der Fisch, -e _____
der Bruder, Brüder _____
die Schwester, -n _____
kriegen (Ich kriege ein Pferd!) _____

siebenundfünfzig   57

Kapitelwortschatz Kursbuch

der Scherz, -e _____
   (Das ist kein Scherz!)
die Großeltern (Pl.) _____
die Eltern (Pl.) _____

Seite 16

das Haustier, -e _____
der Papagei, -en _____
der Hamster, – _____
fliegen _____
fressen (Er frisst Gras.) _____
bellen _____
das Gras (Sg.) _____
die Million, -en 1.000.000 _____
über (über 5 Millionen) _____
besonders _____
beliebt _____
der Vogel, Vögel _____
braun _____
der Salat, -e _____
das Fleisch (Sg.) _____

Kapitel 11   Seite 18

der Buchladen, -läden _____
der Markt, Märkte _____
die Bäckerei, -en _____
das Geschäft, -e _____
die Milch (Sg.) _____
die Banane, -n _____
der Apfelkuchen, – _____
das Brötchen, – _____
die DVD, -s _____
das Brot, -e _____
das Ei, -er _____
die Kartoffel, -n _____
das Wörterbuch, -bücher _____
ähnlich _____

Seite 19

das Taschengeld (Sg.) _____
der Euro (Sg.) _____
kosten _____
wie viel, wie viele _____
teuer ↔ billig _____
der Preis, -e _____
aber (Das ist aber teuer!) _____
helfen (Können Sie mir helfen?) _____
der Moment, -e (Moment!) _____
Danke schön! _____
der Cent (Sg.) _____
nehmen (Ich nehme die DVD.) _____
die Kasse, -n _____
bezahlen _____

Seite 20

die Cola (Sg.) _____
die Tasse, -n _____
das Mineralwasser (Sg.) _____
der Tomatensaft (Sg.) _____
die Gemüsesuppe, -n _____
der Durst (Sg.) (Ich habe Durst.) _____
Guten Appetit! _____
nicht/kein … mehr _____
   (Ich habe keinen Hunger mehr.)
das Stück, -e (vier Stück Pizza) _____
genug _____
die Wurst, Würste _____
das Wasser (Sg.) _____
das Gericht, -e _____
   (das Lieblingsgericht)
die Pommes (Pl.) _____
der Ketchup (Sg.) _____
schmecken (Mir schmeckt …) _____
Igitt! _____

Kapitelwortschatz Kursbuch

Seite 21

das Rezept, -e
der Pfannkuchen, –
salzig
sauer
der Liter, –
das Gramm, –
das Kilogramm, –
die Marmelade (Sg.)
das Mehl (Sg.)
der Zucker (Sg.)
das Salz (Sg.)
die Zitrone, -n
das Schokoladeneis (Sg.)
der Obstsalat, -e
die Tomate, -n
der Käse (Sg.)
die Orange, -n
der Orangensaft (Sg.)
die Einkaufsliste, -n
der Apfel, Äpfel
der Mund, Münder
die Pizzeria, -s
die Butter (Sg.)
das Gemüse (Sg.)

Seite 22

Bitte schön!
zahlen (Ich will zahlen.)
machen (Das macht … Euro.)

Kapitel 12 Seite 24

zaubern
der Videoclip, -s
die Turnhalle, -n
die Dekoration, -en
organisieren
dekorieren
das Papier, -e
die Farbe, -n

Seite 25

der Stress (Sg.)
die Leiter, -n
sauer (Kolja ist sauer.)
auf|hängen
gefallen (Gefällt dir das Plakat?)
hübsch
der Sound-Check, -s
die Geste, -n

Seite 26

an|ziehen
die Sprechblase, -n
der Style, -s
modisch
die Kleidung (Sg.)
das Kleid, -er
der Pullover, –
der Mantel, Mäntel
der Hut, Hüte
die Jeans, –
das Sweatshirt, -s
bequem
die Bluse, -n
das Shopping
   (zum Shopping gehen)
probieren
die Hose, -n
die Jacke, -n
das Schulfest, -e
das T-Shirt, -s
das Kapuzen-Sweatshirt, -s
das Kleidungsstück, -e

neunundfünfzig 59

Kapitelwortschatz Kursbuch

schwarz, grau
blau, grün
weiß, rot
gelb

Seite 27

bloß *(Was ziehe ich bloß an?)*
beginnen
gleich *(Das Fest beginnt gleich!)*
dazu *(Was passt dazu?)*
tragen *(Er trägt ein T-Shirt.)*

Seite 28

spitze *(Robbie ist spitze!)*
der Schulhof, -höfe
der Pizzastand, -stände
das Happy End, -s

Kapitel 13 Seite 36

die Ferien, (Pl.)
überlegen
das Urlaubsfoto, -s
der Urlaub, -e
das Meer, -e
der Berg, -e
der Bodensee (Sg.)
die Nordsee (Sg.)

Seite 37

der Neusiedler See (Sg.)
campen
Balkonien
zu Hause *(Ich bleibe zu Hause.)*
die Reise *(eine Reise machen)*
Griechenland
das Mittelmeer (Sg.)
die Fahrradtour, -en
Traum- … *(der Traumurlaub)*
das Magazin, -e

Seite 38

der Ferientag, -e
der Stadtplan, -pläne
das Picknick, -s
   (ein Picknick machen)
das Eiscafé, -s
der Wald, Wälder
der See, -n
der Plan, Pläne
der Bahnhof, -höfe
geradeaus
links ↔ rechts

Seite 39

der Gruß, Grüße
   (Herzliche Grüße)
der Tipp, -s
recht haben *(Er hat recht.)*
wirklich
gemütlich
das Käsefondue, -s
heiß
fast
gechillt
voll
das Wetter (Sg.)
prima
der Campingplatz, -plätze
lachen
das Gepäck (Sg.)
die Badehose, -n
bald *(Bis bald!)*
schlecht *(Es geht mir schlecht.)*
regnen *(Es regnet.)*
kalt
die Sonne, -n

60   sechzig

Kapitelwortschatz Kursbuch

scheinen *(Die Sonne scheint.)* _____
gar *(gar nicht)* _____

Seite 40
der Pool, -s _____
das Ferienende (Sg.) _____
unromantisch _____
der Regen (Sg.) _____
der Spielplatz, -plätze _____

Kapitel 14 Seite 42
Gute Besserung! _____
der Schmerz, -en _____
   (Schmerzen haben)
fehlen *(Was fehlt dir?)* _____
weh|tun *(Mein Hals tut weh.)* _____
Bauchschmerzen (Pl.) _____
das Krankenhaus, -häuser _____
das Haar, -e _____
die Nase, -n _____
der Zahn, Zähne _____
der Hals, Hälse _____
der Bauch, Bäuche _____
das Bein, -e _____
der Arm, -e _____
die Hand, Hände _____
der Finger, – _____
schwierig _____
das Frühstücksbrötchen, – _____
die Deutscharbeit, -en _____
der Kugelschreiber, – _____

Seite 43
Aua! _____
schlecht *(Mir ist schlecht.)* _____
der Zahnschmerz, -en (Pl.) _____
los *(Was ist los?)* _____

hoffentlich _____
die Krankheit, -en _____

Seite 44
das Fieber (Sg.) _____
die Klassenarbeit, -en _____
die Angst, Ängste _____
   (Angst bekommen)
das Bett, -en *(ins Bett gehen)* _____
die Tablette, -n _____
die Arbeit (Sg.) _____
   (zur Arbeit gehen)
der Comic, -s _____

Seite 45
krank _____
das Paket, -e _____
verrückt _____
werden *(Er wird verrückt.)* _____
besser *(Mir geht es besser.)* _____

Seite 46
die Bewegung _____
gesund _____
die Sportart, -en _____
surfen _____
sich bewegen _____
der Müll (Sg.) _____
raus|bringen _____
die Treppe, -n _____
auf|schreiben _____
der Experte, -n _____
der Schultag, -e _____

Kapitel 15 Seite 48
die Lampe, -n _____
das Regal, -e _____
der Stuhl, Stühle _____
die Tür, Türen _____

einundsechzig   61

Kapitelwortschatz Kursbuch

der **Ti**sch, -e _____
beide *(in beiden Zimmern)* _____
der Schr**a**nk, Schränke _____

Seite 49

die **Wo**hnung, -en _____
p**u**tzen *(Zähne putzen)* _____
s**i**tzen *(in der Sonne sitzen)* _____
der Fl**u**r, Flure _____
der G**a**rten, Gärten _____
die K**ü**che, -n _____
das Schl**a**fzimmer, – _____
die Toil**e**tte, -n _____
das W**o**hnzimmer, – _____

Seite 50

die **Ei**nladung, -en _____
der G**a**st, Gäste _____
ein|laden *(Er lädt alle ein.)* _____
die **A**ltstadt, Altstädte _____
der/das/die **Be**ste, -n _____
das Z**e**lt, -e _____
der Schl**a**fsack, -säcke _____
h**o**ffen _____
Besch**ei**d sagen _____
die S-Bahn, -en _____
r**au**s|gehen _____
die R**i**chtung, -en _____
der Fl**u**ghafen, -häfen _____
nat**ü**rlich _____
   (Ich komme natürlich zur Party!)
z**u**|sagen _____
ab|sagen _____

Seite 51

die F**a**hrt, -en _____
das Gl**ei**s, -e _____
ab|fahren _____
   (Die S-Bahn fährt ab.)
w**a**rten _____
p**ü**nktlich _____
die F**a**hrkarte, -n _____
ein|steigen _____
an|kommen _____
aus|steigen _____

Seite 52

das Intern**a**t, -e _____
die N**ä**he *(in der Nähe)* _____
verm**i**ssen _____
der Erz**ie**her, – _____
sich w**o**hl|fühlen _____
zw**ei**te _____
die B**a**nk, Bänke _____
die W**ei**de, -n _____

62   zweiundsechzig

Kapitelwortschatz Kursbuch

Kapitel 16 Seite 54

die Wiederholung (Sg.) _____

gewinnen _____

die Spielfigur, -en _____

Seite 55

das Feld, -er _____

lösen *(Aufgaben lösen)* _____

dran|kommen _____

die Reihe, -n _____

unentschieden _____

Seite 56

Weihnachten (Sg.) _____

der Nationalfeiertag, -e _____

der **Karneval** (Sg.) _____

der Fasching (Sg.) _____

Ostern _____

Silvester _____

Seite 57

Frohe Ostern! _____

Frohes Fest! _____

Prost Neujahr! _____

frei _____

frei haben _____

das Kostüm, -e _____

der Clown, -s _____

der Indianer, – _____

gut drauf sein _____

kapieren _____

der Namenstag, -e _____

online sein _____

morgen _____

der Bundestag *(in der Schweiz)* _____

die Fahne, -n _____

das Land (Sg.) *(aufs Land fahren)* _____

das Alphorn, -hörner _____

die Region, en _____

der Mensch, -en _____

Seite 58

die Abschlussparty, -s _____

der Luftballon, -s _____

der Tanz, Tänze _____

laufen *(Musik läuft)* _____

zwischen _____

das Paar, -e _____

halten *(Er hält den Luftballon.)* _____

am längsten _____

packen _____

der Koffer, – _____

Seite 59

das Ding, -e _____

der/die/das Letzte, -n _____

aus|probieren _____

dreiundsechzig 63

Thematische Wortgruppen

Zahlen

1	eins	13	dreizehn	50	fünfzig
2	zwei	14	vierzehn	60	sechzig
3	drei	15	fünfzehn	70	siebzig
4	vier	16	sechzehn	80	achtzig
5	fünf	17	siebzehn	90	neunzig
6	sechs	18	achtzehn	100	hundert
7	sieben	19	neunzehn	101	(ein)hunderteins
8	acht	20	zwanzig	200	zweihundert
9	neun	21	einundzwanzig	1000	(ein)tausend
10	zehn	22	zweiundzwanzig	2001	zweitausendeins
11	elf	30	dreißig	1 000 000	eine Million
12	zwölf	40	vierzig		

Monatsnamen

der Januar
der Februar
der März
der April

der Mai
der Juni
der Juli
der August

der September
der Oktober
der November
der Dezember

Jahreszeiten

der Frühling
der Sommer
der Herbst
der Winter

Wochentage

der Montag
der Dienstag
der Mittwoch
der Donnerstag
der Freitag
der Samstag
der Sonntag

Tageszeiten

der Morgen
der Vormittag
der Mittag
der Nachmittag
der Abend
die Nacht

Zeitangaben

die Minute
die Stunde
der Tag
die Woche
der Monat
das Jahr

Uhrzeit

... Uhr
halb ...
Viertel nach ...
Viertel vor ...
um ...

Maße und Gewichte

m = der Meter
km = der Kilometer
l = der Liter
g = das Gramm
kg = das Kilogramm

Länder

Brasilien
China
Dänemark
Deutschland
England
Finnland
Frankreich
Griechenland

Italien
Japan
Kanada
Kenia
die Mongolei
Österreich
Polen
Portugal

Russland
Schweden
die Schweiz
Spanien
die Türkei
die Ukraine
die USA

Sprachen
Chinesisch
Deutsch
Englisch
Französisch
Griechisch
Italienisch
Japanisch
Polnisch
Portugiesisch
Russisch
Spanisch
Suhaeli
Türkisch

Städte
Athen
Barcelona
Berlin
Bern
Hamburg
Köln
Madrid
Moskau
Murten
New York
Rom
Salzburg
Vancouver
Wien
Zürich

Kontinente
Afrika
Amerika
Asien
Australien
Europa

Familie
der/die Verwandte
der Vater / der Papa
die Mutter / die Mama
die Eltern (Pl.)
das Kind
der Sohn
die Tochter
der Bruder
die Schwester
die Geschwister (Pl.)
der Onkel
die Tante
der Großvater / der Opa
die Großmutter / die Oma
die Großeltern (Pl.)

Farben
blau
braun
gelb
grau
grün
rot
schwarz
weiß

Schulfächer
Biologie (Bio)
Chemie
Deutsch
Englisch
Ethik
Geografie (Geo)
Informatik
Kunst
Latein
Mathematik (Mathe)
Musik
Physik
Religion (Reli)
Sport

Tiere
der Fisch
der Hamster
der Hund
die Katze
das Pferd
der Vogel

Berufe
der Arzt / die Ärztin
der Erzieher / die Erzieherin
der Hausmeister /
   die Hausmeisterin
der Lehrer / die Lehrerin
der Sänger / die Sängerin
der Sekretär / die Sekretärin
der Sportler / die Sportlerin

Unregelmäßige und trennbare Verben

abbiegen	er biegt ab	laufen	er läuft
abfahren	er fährt ab	leidtun	es tut leid
abholen	er holt ab	lesen	er liest
absagen	er sagt ab	losfahren	er fährt los
anfangen	er fängt an	mitbringen	er bringt mit
ankommen	er kommt an	mitkommen	er kommt mit
anrufen	er ruft an	mitlesen	er liest mit
ansehen	er sieht an	mitmachen	er macht mit
anziehen	er zieht an	mitnehmen	er nimmt mit
aufhängen	er hängt auf	möcht–	er möchte
aufmachen	er macht auf	mögen	er mag
aufpassen	er passt auf	müssen	er muss
aufräumen	er räumt auf	nachsprechen	er spricht nach
aufschreiben	er schreibt auf	nehmen	er nimmt
aufstehen	er steht auf	raten	er rät
aufwachen	er wacht auf	raus sein	er ist raus
aus sein	er ist aus	rausbringen	er bringt raus
aushaben	er hat aus	rausgehen	er geht raus
ausprobieren	er probiert aus	recht haben	er hat recht
aussteigen	er steigt aus	schlafen	er schläft
da sein	er ist da	sehen	er sieht
dabei sein	er ist dabei	sprechen	er spricht
draufkommen	er kommt drauf	tragen	er trägt
dürfen	er darf	treffen	er trifft
einkaufen	er kauft ein	umsteigen	er steigt um
einladen	er lädt ein	vergessen	er vergisst
einsteigen	er steigt ein	vorlesen	er liest vor
essen	er isst	vorspielen	er spielt vor
fahren	er fährt	waschen	er wäscht
fernsehen	er sieht fern	wegfahren	er fährt weg
freihaben	er hat frei	weggehen	er geht weg
fressen	er frisst	wehtun	er tut weh
geben	er gibt	weitermachen	er macht weiter
gefallen	er gefällt	werden	er wird
gernhaben	er hat gern	wissen	er weiß
haben	er hat	wollen	er will
halten	er hält	zuhören	er hört zu
helfen	er hilft	zusagen	er sagt zu
herumgehen	er geht herum	zusammenpassen	es passt zusammen
können	er kann		

Deutsch im Unterricht

Hör …

Lies …

Schreib … / Notiere …

… im/ins Heft.

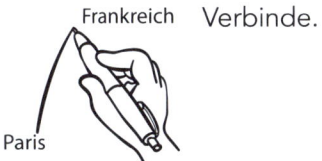

… an der/die Tafel.

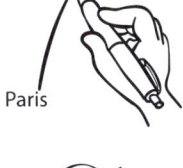

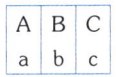

… in der/die Tabelle.

Sprecht …

… zu zweit

… in Gruppen

… in der Klasse

Ergänze …

Kreuze an.

Unterstreiche.

Verbinde.

Ordne zu.

Mal an.

Der Kasten hilft.

siebenundsechzig 67

Quellenverzeichnis

S. 4	Dieter Mayr	S. 43	1 Vladimir Daragan – shutterstock.com,
S. 10	alle Fotos: Dieter Mayr		2 Johanna Goddyear – shutterstockcom,
S. 14	1 Eric Isselee – shutterstock.com,		3 Scott Latham – shutterstock.com,
	2 Alexruss – shutterstock.com		4 Sabine Reiter
S. 16	2 falkovsky – shutterstock.com,	S. 48	Helen Schmitz
	3 Tobik – shutterstock.com,	S. 50	A Heinz Waldukat – Fotolia.com,
	4 Schöning – imago stock,		B DWP – Fotolia.com,
	5 Niehoff – imago stock,		C Kzenon – shutterstock.com,
	6 All Canada Photos – imago stock		D Ricardo Reitmeyer – shutterstock.com,
S. 17	PONS GmbH		E Geisser – imago stock,
S. 19	alle Fotos: Sabine Reiter		F Dieter Mayr
S. 24	A Angela Kilimann,		1. dpa / picture alliance,
	B Westend61 – imago stock,		2. pixelio,
	C Rose Hayes – shutterstock.com,		3. Land Berlin / Thie,
	D ruzanna – shutterstock.com		4. Fotolia.com – Schlierner
S. 26	li.: Kues – shutterstock.com,	S. 51	A © Lindt & Sprüngli Deutschland,
	re.: Alexander Raths – shutterstock.com		B Paul-Georg Meister – pixelio,
S. 28/29	Fotos: Cordula Schurig		C Yamix – Fotolia.com,
S. 36	1 SvetlanaFedoseyeva – shutterstock.com,		D Steiner Wolfgang – shutterstock.com,
	2 Fotokostic – shutterstock.com,		E Ursula Alter – iStockphoto,
	3 Jacob Lund – shutterstock.com		F M. Gade – pixelio

Notizen

Notizen

Notizen